安倍、菅、維新。8年間のウソを暴く

路上からの反撃、倍返しだ！

内田　樹
思想家
神戸女学院大学名誉教授

佐高　信
評論家
ノンフィクション作家

小出　裕章
元京都大学原子炉研究所助教

宇都宮健児
弁護士
東京都知事選挙候補者

平松　邦夫
元大阪市長
元毎日放送アナウンサー

矢野　宏
フリージャーナリスト
新聞「うずみ火」代表

【現地レポート】
万博／カジノ＆官邸／維新／吉本

日本機関紙出版センター

巻頭インタビュー　内田　樹さん（思想家・神戸女学院大学名誉教授）

アベ政権下で日本が悪化した最大の理由は「失敗の隠蔽」ですよ

正直って結構大事なことなのです

政治家の評価に感情的なものを入れてはいけない

――安倍首相の突然の辞任を受けて、急きょ神戸女学院大学名誉教授で思想家の内田樹さんにインタビューさせていただくことになりました。さっそくですが内田さん、今回の辞任、どのように考えておられますか？

内田　樹　最長記録を更新したかっただけじゃないんですか（笑）。8月24日に大叔父である佐藤栄作の記録を抜く。それまで体調が悪かったし、やる気も失せて、国会も開かなかったでしょう？でも、レガシーが他にないから、最長記録だけでも更新したい。桂太郎も佐藤栄作も超えた。これで面子が立ったということじゃないですか。

――東京オリンピックができない、というのが大きいのでは。

内田　オリンピックを花道に引退という図式が崩れましたからね。オリンピックが成功したら、その

このインタビューは2020年9月7日、神戸市・凱風館で行いました

功績をひっさげて、その後も「キングメーカー」として党内影響力を維持しようという腹づもりだったんだと思います。でも、オリンピックができなくなった。コロナの抑制についてもめどが立たない。国会を開けば、北方領土、拉致問題、森友加計問題・「桜を見る会」できつい追及にさらされる。健康状態もよくないしというので、政権を維持する意欲が消えたんでしょうね。

——後任は菅義偉で決まり、という報道が続いています。辞任発表前の内閣支持率が30％を切る状態だったのに、辞めると言ってから支持率が20数パーセント、60％近くまで急上昇しました。

内田　これまで聞いたこともない変な話ですね。これから辞める内閣の支持率が6割なんて……。これは民主党政権時代の菅直人の首相就任時の支持率と同じくらいじゃないんですか。いろんな人に「どうしてでしょう？」と聞かれますけれど、正直に「意味、分かんない」と答えてます。それまで内閣不支持だった人が「辞める」と聴いて支持に変わったという心の変化が僕にはうまく想像できない。「辞めないなら不支持だが、辞めるなら支持する」って、どういうことなんでしょう。

――辞任会見で首相が涙目になっていたとか、お腹が痛くてかわいそう、とかの理由で支持率が上がる国民性って危うくないですか？

内田　危ういと思います。**政治家に対する評価に感情を入れるのはよくないです**。人間性よりも、どんな政策を提案して、何を実現して、国益にどう資したのかが判断基準であるべきじゃないんですか。政治家については、好き嫌いを言うべきじゃない。極端なことを言えば、倫理的で、高潔な人物だけれど、政治的には失策ばかり犯していたという人より、腹黒くて、下品な人物だったけれど、国民の福利を守ったという人の方が政治家としては評価されるべきだと僕は思います。

16年に舛添都知事が公用車で別荘に行ったとか、温泉旅行に行ったとか、政治資金で『クレヨンしんちゃん』を買った（笑）とか、はげしいバッシングを浴びて辞任したことがあったじゃないですか。たしかに舛添さんがやったことは常識的にどうかと思うけれど、それは必ずしも政治家としての評価の本質的な部分じゃないでしょう？　そんなことよりも都知事としてどういう仕事をして、結果的に都民にどのようなプラスマイナスをもたらしたのか、その政治家としての功罪をクールに検証した上で進退を論ずべきだったと思います。感情的なメディアの報道に煽られて、そのたいせつな検証作業をしなかったことはほんとうに禍根を残したと思います。

市民と政治家の間にはもっと緊張関係を

――大事な議論がほとんどないまま、東京オリンピックに3兆円も使うんでしょう。でも庶民は

3兆円と言われてもピンとこない。見たことないから。クレヨンしんちゃんの漫画本500円とか公用車で家族旅行3万円には怒るのですが(笑)

内田 そうなんですよ。話のスケールが小さいと、「市民目線」からはリアルなんです。「桜を見る会」もそうでしたね。ホテル「ニューオータニ」で5千円のパーティーってあり得ないだろうということは感覚的にわかる。でも、森友問題で9億円の土地値引きされたと言っても、金額が大きすぎてただちに「許せない」という怒りには転化しないでしょ。

ある時期から「市民感覚」で政治を語ることが大切だと言われるようになりましたよね。最初は左翼・リベラルが言い出したんだと思います。もちろん、市民に分かりやすく政策を説明することはすごく大事なことだと思います。でも、「市民感覚」「市民目線」というようなことを10年くらい言い続けていたら、いつの間にか政治家の語ること自体が「市民目線」ベースになってしまって、「専門家目線」で語る人がいなくなってしまった。難しいことを言うと、平気で、「わかんねえよ。わかりやすく言えよ」と遮られるようになった。**「わかんねえよ」ということが批評性だと勘違いする人たちが増えて来た。**

ポピュリスト政治家は、まさに「政治を市民目線で語らなければならない」というトレンドが生み出したものだと思います。見た目とか、テレビ映りとか、キャッチフレーズとか、非論理的で感情的な物言いとか、そういう「いかにもわかりやすい政治家」が人気を集めて、政治家としての長期的な展望とか、見識の高さとか、そういうものが二の次になった。

ほんとうは、市民と政治家の間にはもっと緊張関係があって然るべきだと僕は思います。市民は当然ながら、「オレたちにもわかるように、わかりやすく政治を語れ」と要求します。それはそれでいいんです。でも、政治家はそれに唯々諾々と迎合すべきではない。「いや、実際にはそんなわかりやすい話じゃないんだ。いろいろと前後の文脈もあるし、関与するファクターもたくさんあって、良い悪いを一言で片づけられる話じゃないんだ。まず少しこちらの話も聴いて欲しい」と忍耐強く、情理を尽くして語る。一方に「こっちは忙しいんだから、わかりやすく話せ」という市民がいて、他方に「そんな簡単な話じゃないんだから、そっちも腰を落ち着けて話を聴いてくれ」という政治家がいて、**その両者の緊張関係の中で、民主主義は成熟する。**僕はそう思います。

市民の側はこの緊張関係を通じて複雑な政治的イシューを理解するだけの知識と見識を身に着ける。政治家は市民に対して、できるだけわかりやすく、噛み砕いて、腑に落ちるような説明をする力を身につける。そういう双方の努力が民主主義の存立のためには必須なんです。でも、ポピュリストは市民の側の「わかりやすく」という要求に全面的にすり寄って、複雑なイシューを複雑なものとして扱うことをしなくなった。**市民たちに市民的成熟を求めず、俗情に結託することで、「政治家なのに、まるで自分たちの同類みたい」と思わせて市民から全権委任を取りつけ、民主主義を空洞化しようとする。これがポピュリズムの常套手段なんです。**

――その上で、例えば橋下徹などはわざと敵を作るんですよね。公務員がけしからん、生活保護受給者は怠けている。敵を作って叩くことで自分の人気をあげようとする。

内田　敵味方の二元論で政治的案件を論じると、話がとても「わかりやすく」なるんです。でも、実際の社会はそんなにシンプルに敵味方に分かれているわけじゃない。難しい問題がなかなか解決しないのは、複数のレベルで、複数のファクターが絡み合っているからです。敵味方が対立してデッドロックに乗り上げているというのは、表面的には「そう見える」というだけであって、よくよく見ると、実際には複数のファクターの「評価」がずれているせいなんです。だから、こんがらがったひもをほどくように、ていねいに一つ一つ結び目をほどくような努力が必要なんです。

	菅 義偉 官房長官（71）	岸田文雄 政調会長（63）	石破 茂 元幹事長（63）
衆院選挙区（当選回数）	神奈川2区（8回）	広島1区（9回）	鳥取1区（11回）
派閥	無派閥	岸田派	石破派
キャッチフレーズ	自助・共助・公助	分断から協調へ	納得と共感

時事通信社、2020年9月3日

　政治家や行政官は「世の中はそんなに簡単に敵味方に分かれるわけじゃないし、『敵を倒せば、万事うまくゆく』というような仕組みにはなっていない」ということをきちんと説明するべきなんです。市民の方も「話を簡単にしろ」とわがまま言うだけじゃなくて、自分でも身銭を切って問題を調べて、ことが敵味方の二元論では片づかない複雑なものだということを理解すべきなんです。でも、政治家と有権者の間には「緊張感がない方がいい」ということがこの10年間にメディア主導で常識になってしまった。そして、メディアも政治家自身も「とにかく話は簡単な方がいい」という知的怠慢に居着いてしまった。

――安倍、橋下などは「楽勝や」と感じていたでしょうね。投票率がどんどん下がると、組織を持っている側、つまり自民と公明、大阪では維新がほぼ自動的に勝利できる。

内田　みんなが政治に飽きて、うんざりして投票しなくなれば、自公連立政権は揺るがない。有権者を「投票しても、何も変わらない」とあきらめさせれば、現状から受益している人たちは与党に投票しますから、与党が勝ち続けます。市民が政治に期待しなくなると、権力は長期化する。そして、長期化した政権は必ず腐敗する。

――モリカケ桜に河井事件。国民を白けさせてうんざりさせてきた権力者の勝ち。

内田　実は決して、そこまで意図的にやってきたわけではないと思いますよ。彼らだって、それほど賢くはないから(笑)。ただ権力の座に安住して、私腹を肥やそうとダラダラやっていたら、いつの間にかそういう政治に市民がうんざりして、投票しなくなってしまい、与党が圧勝するようになった。「こんな政治にはうんざりだ」という気分だけ煽っておいて、「だから、政治を変えよう」ではなく、「だから棄権しよう」という方向に市民が流れてゆくのを座視したメディアの責任は重いと思います。

――今回の辞任劇もそうですね。もちろんお腹が痛かったんでしょうが、辞めると言った瞬間から、モリカケ桜は飛んでしまった。今は「次の総理はだれか?」ばかり。辞めてくれたことは喜ばしいけど(笑)、なんかモヤモヤするんです。

内田　何の代わり映えもない政権がまた登場してくるんでしょうね。みんなそうやって「政治にうんざり」して、ますます棄権者が増える。

――どうしたもんでしょうね。

内田　でも、政治っていうのは一方向だけに進むものではないです。一方的に悪くなり続けるという事はない。「明けない夜はない」です。必ずどこかで底を打つ。日本人って、途中で切り返しできないんですよね。二枚腰とか中腰で持ちこたえるという力がない。「このまま行ったらダメだ」と分かっていても、完全に「ダメ」になるまで流される。その代わり「ダメ」になったときの切り替えは早い。そういう国民性なんです。

――戦争も最後まで止められずに続けてしまう。

内田　忠臣蔵とか『昭和残侠伝』と同じで。理不尽な仕打ちに耐えて、耐えて、耐え抜いて、最後の最後にちゃぶ台を引っくり返して大暴れする。そういうのが日本人は好きなんです。

――でも、もうええ加減に気付けって話でしょう？　戦争でも原発でも失敗したんやから。

内田　70年生きてきましたが「これ以上は危険です。今だったら何とかなるので引き返しましょう」と後ろから羽交い締めにしても日本人は止まらないです（笑）。もう絶対にダメというところまで行って、壁に当たったところで、イワシの群れのようにザッと方向を変える。

――昔はよく「振り子の理論」と言われて、右に振れすぎたら左へのバネが働く、と。アベ政権で消費税は上がる、コロナ対策は失敗、それでもまだ右へいきますか？

内田　もう少し行きますね。アメリカだって、トランプがあそこまでメチャクチャにしたけれども、まだ止まらないでしょう。アメリカの市民社会は日本よりはるかに復元力がありますけれど、それでもトランプの暴走を止められない。うっかりするとトランプが再選されるかもしれない状況です。

——世論調査には現れない「隠れトランプ支持」がいますから、接戦は間違いないですね。

内田　世界中で「市民社会の劣化」が起きている。アメリカ、日本だけでなくブラジル、ハンガリー、フィリピンなど独裁的なリーダーが増えている。

——時に理解に苦しむことが起きます。今回の安倍辞任もそう。8月28日の辞任記者会見まで、国民は「もう嫌だ」と言っていた。それで安倍が辞めた。で、次の内閣が「安倍政治を引き継ぎます」という菅になりそうな流れ。えっ何で菅の人気が上がるの？　あんたら安倍が嫌やったんと違うの？

内田　菅内閣が成立したとしても、僕は短命で終わると思う。なんだかんだ言っても、安倍晋三にはある種の「オーラ」があった。

——ボンボンの（笑）

内田　岸信介の孫で、安倍晋太郎の息子で、父方祖父は安倍寛で、大叔父は佐藤栄作というポリティカル・ファミリーの血統ですから、無根拠な自信のようなものがあった。それにイデオロギーがはっきりしてましたよね。

とても冷淡な人物だと思います

——極右の政治家で、日本会議やネトウヨなどからの支持はありましたね。

内田　ある時期から後は、やりたいことがはっきりしていた。憲法を変えて、再軍備を進める。場合によっては核武装も辞さない。大日本帝国を再現させて、アジアの国々を睥睨《へいげい》したい。そういうファンタジーが安倍晋三にはあった。それに共感した人がけっこうな数いた。

――安倍の下で「出世したい」と願う国会議員はほとんど日本会議に吸い寄せられてましたね。

内田　別にイデオロギー的に「何がなんでも日本会議」ということではなくて、あれはただのファッションでしょう。トップが極右イデオロギーが好きだから、自分も真似をして出世しようとしているだけのことだと思います。そういう無定見な人たちはどの時代のどこの国にいます。その時々の支配者のイデオロギーにすり寄って生き延びようとする。

でも、菅は「俺に忠誠を誓え」ということは求めますけれど、この先日本をどうするかというビジョンはない。そもそも自分自身の派閥も持っていません。派閥というのは政策集団なわけで、あるべき未来についての綱領的な志向によってまとまるはずのものですけれども、その派閥を持っていないということは、実は何をしたいのか特に実現したいプランがないということです。党内の利害調整には長けているけれども、調整した組織で何をするのか、どんな日本の未来を描くのかについては、何のビジョンもない。

もう一つ、派閥を持っていないということは「子分がいない」ということです。つまり「この人にどこまでもついてゆく」という人がいない。くっついていると「いい目に遭える」と思っている人間はぞろぞろついているでしょうけれども、親分が「落ち目」になったときにも一緒に泥水を啜る覚悟のあるやつはたぶん一人もいない。菅の方にもどこまで行っても子分の面倒をとことん見るというほどの情がない。河井案里は都合が悪くなると切るし、パンケーキを食った写真も削除しちゃったでしょう（笑）。党人派といっても、昔の田中角栄、大野伴睦、金丸信といった政治家とはタイプがまるで違う。

――いわゆる「土の匂いがする政治家」ではない。

内田　ぜんぜん土の匂いなんかしません。昔の派閥の大将というのは、傘下に入った一族郎党の面倒をとことん見ることで「あの人についてゆけば大丈夫」という評価を形成しようとしたんです。

――昔の自民党はそんな感じだったそうですね。

内田　菅には「子分」がいないということは、側近でも、落選したり、スキャンダルが出たりしたら、切り捨てるということでしょう。自分もそういうリスクを取って来たんだから。甘えるな、と。

――その時に力の強いヤツに付く、という嗅覚。

内田　今は「菅についていけば出世できそう」とそろばん弾いている小賢しい政治家が周りにたくさん集まってきますけれど、一度落ち目になったら、蜘蛛の子を散らすように消えると思います。ぜんぜん「剛腕型」の政治家じゃないです。

――そうなんですか、剛腕タイプに見えるけど。

内田　態度が大きいということと剛腕は違いますよ。田中角栄が剛腕と呼ばれたのは、あちこちに「貸し」を作っておいたからです。平時に、他派閥でも、野党でも、頼み事をされたら「ああ、いいよ」と応じて、「貸し」として帳面につけておく。そして、ここ一番というときに「一括回収」する。

――総裁選挙とか。

内田　そうです。重要法案を通す時とか。それまでに野党の提案した法案には多少与党内から反対があっても抑え込んで野党の顔を立てておく。そして、その「貸し」をある時に回収する。

――猿山のボスになるためには常日頃の行動がカギ、ですね。

内田　そうなんです。日頃からこまめに与野党官民を問わず広く「恩を売っておく」んです。「あの人は、話が分かる」という印象を刷り込んでおけば、ここ一番という時に無理を通すことができる。**「剛腕」というのは「ふだんからこまめに貸しを作っておいて、一括回収」という取引能力のことなんです。**でも、安倍政権の中には、ここ一番というところで無理を通すために、日頃からこまめに野党や市民運動に「貸し」を作っておくというような気づかいをしている人はいませんでしたね。それは辺野古を見るとわかります。反対に、日頃からこまめに沖縄に意地悪をしてきて、ここ一番というところで県民一丸となって政府に反抗するように仕向けてしまった。全然「剛腕」じゃないですよ。

――人事だけを握って、気に入らないヤツは飛ばす。

内田　与野党含め、メディアや役人、自分に都合のいい人たちだけを重用してきた。でも、本気で大きなことを実現しようとしたら、自分におもねってくる人間だけ引き立ててもしょうがないんです。自分に逆らう人間からもいざというときに譲歩を引き出せるくらいに貸しを作っておくから、たいせつなところで「国民一丸となって」という仕掛けができる。

――メディアで言えば、菅はテレビ朝日の報道ステーションをつぶし、NHKクローズアップ現代の国谷裕子さんを引きずり下ろした。安倍は追及された時に「いわば、いずれにしても、まさに…」（笑）などと必死で言い訳しようとしますが、菅は「あなたに答えるつもりはない」「指摘は当たらない」と冷たく切り捨てますね。

内田　性根が意地悪ですね。

――なぜこんな人に支持が集まるの？と疑問です。

内田　集まってはいないと思いますよ。官房長官記者会見は乗り切れましたけれど、総理大臣になると国会で答弁しなくちゃいけない。国会でも記者会見と同じように答弁していたら、いくらＮＨＫが必死で編集しても、「嫌な野郎だ」という印象は拭えないでしょう。最初はご祝儀で支持率が60％くらいあったとしても、じきに安倍政権末期の数字にまで落ちると思います。内閣に女性を大量に登用するとか、消費税減税するとか、コロナ対策で国民に定期的に給付金を出すとか、国民受けする政策を断行すればともかく、派閥均衡の人事では人気が出るはずがないです。

――それでまた当選回数が多いだけのポンコツ議員が大臣になるんですね。

内田　民間人を大臣に起用するという話ですが、これはないと思います。だってもし橋下徹が総務大臣になったら、テレビカメラは彼に集中するでしょう。菅は記者の質問に「問題ない」「適切に処理している」としか答えないで、記者会見を打ち切るでしょう。でも、橋下だったら官僚のメモがなくても、記者の質問すべてに答える。そういうスタンドプレーは周りから「止めろ」と言われても、自制できない人だから。

――なるほど、菅が目立たなくなる。

内田　一人の大臣がメディアの注目を独占して、他がかすむということになったら、誰だって面白くないでしょう。

――菅と橋下、松井はよく会食していて、仲が良いとされてますが。

内田　**問題は「誰がボスか」ということをあらゆる場面で可視化することなんです。**メディアの扱いもボスが一番大きくないと意味がない。だから、菅は橋下徹に「食われる」リスクを冒すことはしないと思います。

――そういえば菅自身が「令和おじさん」で人気が出た時に、安倍は菅を干そうとしましたね。人気抜群の小泉進次郎を環境大臣に祭り上げて、「あまり賢くない」ことがバレるようにした（笑）という話ですし。猿山のボスの中で、ボス同士の争いがあるんですね。

内田　橋下登用で内閣への注目度が上がったとしても、総理大臣の存在感がかすむのなら菅にとってはマイナスです。

全国民を代表するのが公人です

――そんなアベ政権7年8カ月を振り返って、どんな風に総括されますか？

内田　公人というのは建前では、嘘でもいいから「私は全国民のために政治をしています」と言わねばならない。支持者だけでなく、反対者も含めて全国民を代表するのが「公人」というものです。ところが安倍は「私の支持者の利益しか守らない」「私に反対している人たちの利益は、一切配慮しない」という立場を貫いた。

――加計学園は大事にするが、前川喜平は切る（苦笑）

内田　そうやって国民を敵味方に分断した。そして、反対派の要望は一切応えないという態度を貫いた。その結果、政権に反対している人たちの間には深い無力感と徒労感が広がった。そして、「投票しても何も変わらない」という理由で棄権するようになった。そうなれば、一強体制は盤石です。反対派は政治的権利を自分から進んで放棄してくれるんですから。

——自民党の組織は利権で動くし、公明党の宗教票も必ず選挙に行く。これは強い。創価学会やゼネコンの中に安倍に反対している人がいるとは思うけど、表立っては言えませんからね。

内田　**国民を分断することで政権の延命を図るということを本気で実行したのは安倍政権が初めてだと思います。**国民が分断されて、社会が非寛容できすぎすしたものになれば、当然国力は衰微します。安倍政権は国力の衰微と引き換えに政権の延命を買い取ったわけです。

——ただ今回の総裁選挙、その「お仲間」である自民党員の党員選挙がないんです。年会費4千円ほどを支払って、なぜ党員になっているかというと、「自分の手で総裁を決めることができるから」。その約束を反故にする形で決まるので「身内からの反乱」がおきませんか？

内田　私の周りに自民党員がいないので（笑）、どうなのかわかりません。いずれにしても次の総選挙がいつあるかが問題です。自民党はかなり議席を減らすと僕は思いますけど。

——そうであってほしいのですが、週刊誌の予想では「自民圧勝」と打つところも。安倍辞任で自民党の支持率が上がっているからのようです。ホンマかなー、と思いますが。

内田　でも菅が総裁選を前に最初に言ったのが「自助、共助、公助」でしょう。今ごろ70年代のサッチャー主義のスローガンを持ち出してきた。時代遅れもいいところですよ。

——この期に及んでまだ「小さな政府」。コロナで大変なときなのに。

内田　貧しい人間が貧しくなったのは自己責任だ、病気の人間が病気になったのは自己責任だ、自分で何とかしろ、国に頼るなというのはサッチャー主義そのものです。このコロナ禍のさなかに、最初に言った言葉が「自分で何とかしろ」というのは絶望的にセンスが悪いと思います。

――政府が自己責任論のままなら、2020年の冬を越せない人が大量に出てくるのではないでしょうか？

内田　リーマンショックの時はまだ中国経済が下支えをしましたし、新興国も割と元気でした。今度は世界中が同時的に疲弊しています。世界大恐慌以来90年ぶりの非常事態です。この事態の特殊性がわかっていないんだと思います。

――今こそセーフティーネットを拡充しないといけない。こんな時に小さな政府論では「貧困層は死んでください」という政治ですね。

内田　ドイツやスペインやスコットランドでも、アメリカでさえもベーシックインカムの導入が議論され始めているというのに、日本のメディアにはベーシックのベの字も出てこないですね。

――総裁選に戻りますが、対立候補の石破さんの政策が「納得と共感」。前の選挙では「公正と正直」（笑）。これをスローガンに掲げないとダメなこと自体が、日本の政治の情けなさを物語っていますよね。

内田　いや、正直ってすごく大事ですよ。政策がうまく行った時に「失敗しました」と嘘を言う人はいません。政治家が嘘をつくのは「政策が失敗したとき」だけです。そして、「正直」というのは「失敗したときに失敗したと認める」ことなんです。そうすれば、どこが悪かったのかを精密に検証して、補正すべきところを補正できる。

「正直」の手柄は失敗から学ぶことができるということなんです。システムを健全なものとして維持するためには、どこにバグがあるか、どこにひび割れがあるか、どこが詰まっているか、それをすみやかに開示しなければいけない。安倍政権の7年8カ月は徹底的にそれを怠ってきた。車の始業点検の時に、タイヤの空気が抜けている、エンジンからノイズがする、ラジエーターから白煙が吹き上がっているのに、「何の問題もない」「すべて適切に処理している」と言って走り出すようなドライバーはいないでしょう。「正直」って要するに、「このまま運転していると危ないですよ」というテクニカルな指摘に過ぎないんです。誰かを責めているわけじゃない。まず治すところは治した方がいいというだけの話なんです。でも、安倍政権はそれを嫌って、怠ってきた。

――公文書の改ざん、名簿の廃棄、いろいろありましたね。総裁選挙の対立候補が「正直」や「共感」をあげるほど、日本は腐ってしまった、ということですね。

大阪市民の多数が「都構想にするんじゃなかった」と後悔することに

「アベが何もしないから支持する」人たち

――後半は「アフターコロナの日本がどうなるのか」についてお聞きしたいのですが、ズバリ菅政権になったとして、この秋に解散総選挙という事態になる可能性はあるのでしょうか?

内田　あると思います。長くやっていくと当然支持率は下がってきます。菅政権ではコロナ対策でも、経済政策でも、外交でも、短期的に画期的な成功が上がる見通しはありません。だったら、「負けしろ」が少ないうちに臨時国会を開いてすぐに解散というシナリオは十分にあり得ると思います。

――野党の選挙協力体制が整わないうちにやってしまえ、と。

内田　野党も解散総選挙の覚悟はしてると思います。でも、選挙区ごとの事情があって、なかなか統一候補を絞り込めないでいる。

――立憲民主党と国民民主党の合併について、マスコミはほとんど報道しません。世間の注目はほぼ全て総裁選に持っていかれた。野党の影が薄くなるように、モリカケ桜を忘れるように、メディアが管ヨイショ報道を続けているでしょう。

内田　モリカケ桜は忘れないと思いますよ。モ、リ、カ、ケ、サ、ク、ラで7文字でしょ（笑）。日本人は5、7、5の文字列だと忘れないんです。

――オ、モ、テ、ナ、シもそうでした（笑）。それとコロナで生活が大変な時にアベノマスク2枚、動画では犬を抱いて紅茶飲んでくつろぐ。この怒りはずっと消えないかな。

内田　世界各国の感染症対策に関する世論調査で、日本は「高く評価する」がわずか5％でした。世界平均は約40％なので、日本は最下位クラスです。中国やニュージーランド、台湾やドイツなど軒並み高い数字で、あのでたらめなトランプでさえ38％を獲得している。安倍の岩盤支持層は30％あるはずなのに、「コロナ対策を高く評価」したのはわずか5％。この数字が意味するのは、**安倍政権の支持者の多くは「安倍政権は国民の健康を配慮する気がない」ということを知っていた上で支持しているということです。**

――えっ、どういうことですか？　安倍に対して怒るべきところなのに。

内田　安倍政権は国民のために「何もしない」ということがはっきりしているから、だから支持しているんです。立憲民主党や共産党、社民党などの政策は福祉の充実、格差の解消、マイノリティーの解放など「国民フレンドリー」なものです。でも、そうやって国民の利益が増大する政策を提示するほど国民は離れてゆく。

――フレンドリーな政府のほうがいいじゃないですか？　なんでやろ？

内田　弱腰に写るんですよ。今の日本人はとことん自信を失っているので、自分たちに「いい顔」をする政党がむしろ信じられないんです。それよりは、国民に対して威張り散らし、上から目線で「自粛しろ、マスク2枚で我慢しろ、自助で何とかしろ、政府や自治体を頼るな」と突き放す政党の方が好ましく思えるんです。政府がそういうふうに「国民は国に支援を求めるな、それより自分の身を削って国にどんなご奉仕ができるか工夫しろ」と居丈高に構えていると、なんだか日本は「たいそうな国」のような気がしてくるんです。いや、ほんとうに。日本が「たいしたことがない国」に転落したことはみんなもうわかっているんです。でも、その痛苦な現実を直視したくない。だから、国民は憧れのまなざしで「たいそうな国」の政府を仰ぎ見ているようなふりをしていたいんです。だから、安倍支持者たちは、安倍政権は外交で大成功したという話を信じているでしょう。

――えっ、でもロシアに対しては北方領土4島のうち2島返還でいいと譲歩しながら、交渉に失敗して、拉致問題では、韓国、中国、ロシア、米国などと違って北朝鮮の金正恩に会えなかった唯一の首相でしょ（苦笑）。米国からは武器を爆買いさせられています。世界に対して強面でないし、むしろヤラレコレ（笑）。ジャイアンの米国に殴られ続けるスネ夫みたいな外交なのに。

内田　彼らだって、そういう事実はもちろんわかっているんです。でも、それは認めたくない。だから、「日本は世界中から敬意と畏怖をもって仰ぎ見られている大国だ」というファンタジーを自作して、その中に頭を突っ込んで、現実を見ないようにしている。全て違う話になっている。トランプとはため口だし、プーチンとは親友だし、韓国や北朝鮮には強く出て一歩も退いてない、と。

――事実が歪曲されて伝わっているんですね。

内田　いや、事実を知ってはいるんです。日本はどんどん国力が衰微して、国際社会においてのプレゼンスが低下して、さまざまなランキングで「先進国最下位」が定位置になっていることも、横目でニュースを見ているから事実としては知っているんです。だからこそ、「日本の国力はぐいぐい上昇している、日本の国際社会におけるプレゼンスはどんどん高まっている、日本文化は世界中からあこがれの的になっている」というような嘘の話を必死で服用しているんです。

――まだ中国に負けていない、と。

内田　「日本すごい！」という本があれだけ出てくるのは、「日本がすごくない」ということを知っているからです（笑）。日本に本当に実力があれば、「日本すごいですね」と言われて「いやぁ、それほどでも」と謙遜しておけばいいわけで。実際に、70～80年代に日本に勢いがあって、世界中が「日本に学べ」と言っていた時代には誰も「日本すごい！」本なんか書かなかった。今の日本人が態度が大きいのは、自信をなくしているからです。だから、安倍や麻生の態度の大きさ、国民を見下げた、あの上から目線を「頼もしさ」を感じてしまうんです（笑）

――奴隷根性がしみついてしまった。マゾなのかな（苦笑）

沖縄に関する講義を選ぶ時に「親から反対された」

内田　僕も頼まれてあちこちの選挙応援に行きますが、僕が推薦する「この人が当選したらいいのに」と思う人はほぼ負けますね。

――東京都知事選で宇都宮健児さんは都立大学の学費をまずは半額、そして無料にすると公約しました。でも約84万票。小池は360万票余。

内田　京都市長選挙の時に、京都大学と同志社大学の前で福山和人候補の応援演説をしました。福山さんは学生たちへのきめこまかな支援を公約に掲げていました。だから、大学生たちに向かって、「この人は君たちに奨学金を出そうという候補なんですよ」と訴えたけれど、ほとんど反応がなかった。学生たち自身の明日に直接かかわることなのに無関心だった。それは「**自分たちのために何かを与えると言う政党は無力で非現実的であり、自分たちから何かを取り上げると言う政党は力強く現実的だ**」だという倒錯的な心理が彼らのうちで働いているせいだと思います。

――別世界の話と思っているのでしょうか？　自分たちの生活を守ろうとしてくれてるわけなのに。

内田　政治家っていうのは何もしてくれない、公約というのは全部嘘で、夢物語だ、と。たぶんそう思い込んでいるんだと思います。若い人たちは政治的な虚無主義にかなり深く侵されているなという感じがしました。

――今の大学生は物心ついた時、社会への関心を持ち始めた時が12歳だとすると、「安倍しか知らない世代」。ウソばかりで信用できないと思っているのかな？　内田さんや福山候補が言うことは「あぁ、しょせん共産党の言っていること。実現するはずがない」と思っているのかな？

内田　そうだと思います。何を空想的なことをほざいているんだよという冷たい視線を感じましたから。18歳に選挙権の年齢を下げたじゃないですか。あれは広告代理店が調べて10代に自民党支持者が多いことがわかったから実行したわけです。若い人たちは子どもの頃から「長い物には巻かれろ」、上に従え、多数派が多数派なのは正しいからだ、権力者がその地位にあるのは必然性があるからだと叩き込まれてきました。だから、今権力を持っている人間は「権力を持っている」という事実だけからして、その地位にあって当然なのだ、その地位にあるべきなのだというふうに推論することに慣れ切っている。日本の学校教育における「現状肯定」の刷り込みはすごいですよ。

――米国では「大学授業料無料」を掲げた社会主義者のバーニーサンダースを若者が支えた。イギリス労働党のコービンも同様のことを言い、学生が支持した。ドイツでは学生たちの奮闘で脱原発に舵を切った。日本だけが沈黙している。

内田　韓国も台湾も香港も改革運動の主体は若者世代でした。２０１５年の安保法制の時にはＳＥＡＬＤｓなどの市民組織が頑張って国会を20万人が取り囲むという運動をしましたね。あれだけやったのに法案は強行採決されてしまった。あの時の虚脱感、無力感は若い世代には結構きつかったんじゃないかと思います。あの時点でもＳＥＡＬＤｓのメンバーはそれぞれの大学で「浮いている」存在でしたけれど、あれから5年経ちましたから、その傾向はさらに強まっているんじゃないでしょうか。

――大学のキャンパスで普通に沖縄の基地の話などができるような雰囲気になればいいのですが。

内田　去年、神戸女学院大学で沖縄関連の連続講義があって、1回だけ授業に呼ばれたんです。全学部共通の講義科目だったのですが行ってみたら受講生が9名だけでした。

――えっ、もったいない。内田先生の講義なら遠くてもか駆けつける人は多数なのに。

内田　それでも履修生は全員来てたのです。はじめからそれしか登録していないんです。沖縄に関する講義を聴いて、最後に沖縄まで実地に行って、沖縄戦の跡地や米軍基地を見てくるという意欲的な授業だったんですけれど、履修しようとしたら親から反対された、周りの学生から「そんな授業は取らないほうがいい」と忠告されたと聴きました。僕は別の話題で講義の準備をしていたんですけれど、結局「少数派であること」について90分話してしまいました。多数派がつねに正しいわけではない、後世から振り返るとしばしば少数派の方が正しいことは歴史上無数にある。少数派であることに耐えようという話をしたら、何人かの学生たちが泣き出してしまって・・・。なんか気の毒になりました。「戦争と平和」という主題の講義なんですからふつうなら100人を超える受講生が集まっても不思議じゃない。でもシラバスに「沖縄」という言葉が出て来ただけで9名になってしまった。

――大学から「政治学部」がなくなりそうな話ですね。

内田　最近「タレントが語るな」「アスリートが政治に口を出すな」という風潮がありますよね。現政権を支持する「政治的発言」はいくらしてもよいが、少しでも批判的な発言をすると袋叩きにあう。

――お笑いタレントもそうですね。ダウンタウンの松本人志はアベと会食してずっとテレビに出ている。逆に政権批判したウーマンラッシュアワーの村本大輔は全然テレビに出てこない。そんな中で大阪維新の会、吉村知事の人気が高まっています。最後に維新の会が強行しようとしている都構想についてどう考えておられますか？

なぜ自分たちの持っている自治権を放棄するのか？

内田　どうして大阪市民が政令指定都市の権利を自ら手放すのか、僕には意味がまったく理解できません。これまで「政令指定都市になりたい」と多くの都市が合併などでその権利を獲得しようとしてきたわけですよね。兵庫県と神戸市だって、神奈川県と横浜市だって、愛知県と名古屋市だって、県と市の間には微妙な利害のずれがあり、緊張感がある。でも、それを行政官たちがうまく調整してやっているわけですよね。その調整の手間よりも、政令指定都市としての自治権が市民にもたらすメリットの方が圧倒的に大きいということを市民が知っているから。だから、どこも政令指定都市になりたがる。その中にあって、ひとり大阪市だけが自分たちの持っている自治権を放棄すると言う。もちろん前代未聞のことですし、これから後も政令指定都市の特権を放棄する市が出ることもないでしょう。

――東京市が特別区に分割されたのは民主主義のない戦前のこと。戦後、政令指定都市が解体されたことは一回もなかったのです。

内田　二重行政と言いますけれど、行政なんて二重でも、三重でも、四重でも、さまざまな層に、さまざまな種類のサービスがある方が市民にとっては利益が大きいんです。学校でも、病院でも、国立、都道府県立、市町村立、私立・・・といろいろなレベルの多様な機関が併存していた方が「とりこぼし」がない。分権していると調整に手間がかかるというのなら、どうして「三権分立」とか「両院制」が存在するんですか。効率やコストがそんなに大事ならそんなもの要らないじゃないですか。トップに全権を委任して、ひとりで全部決める独裁制にしたら統治コストは激減しますよ。役人も要らないし、議員も要らないし、法曹も要らない。それが統治の理想なんですか？

だいたい政令指定都市と県の間の分権の問題というのは、機関間での調整ができればそれで済む話なんです。それなのに、なぜ府と市を一つにするというような「大手術」をしないとダメだと思っているのか？ それは維新の諸君が「株式会社」を組織の理想だと信じているからです。トップが全部決めて、下はいかなる判断も加えずにその指示に従う。そういう組織が理想的だと彼らは信じている。でも、そんなわけないじゃないですか。トップの判断の成否は誰が決定するんですか？ 会社の場合なら「マーケット」が決定します。この決定はすぐに下る。トップの経営判断が間違っていたら、もう翌月には売り上げが落ちる、株価が下がる、遠からず会社が倒産して株券が紙くずになる。でも、それで「おしまい」です。それ以上の責任は追及されない。話が早い。でも、自治体や国家はそうはゆきません。行政では、トップがどんなデタラメな政策を採択しても、それが失敗だったということがわかるまで何カ月も、何年も、場合によっては何十年もかかる。そのときに「あ、失敗でした」と言っても、その政策を進めた政治家も行政官も、もうとっくに退職して、死んでいる。誰も責任を取ってくれない。そして、行政は無限責任体ですから、その失政に対する補償は未来の市民たちが身銭を切って支払い続けなければならない。

――「雨ガッパをください」と松井が言えば33万着も集まった。今、どう処分したらいいのか、大阪市の部下たちは頭を悩ませてますよ。

内田　申し訳ないけれど、複数のセクションの間の調整をしたくない、単純な組織にしたいという諸君は「自分はあまり頭がよくない」と告白しているようなものなんです。**単純なシステムでないと統治できないと言っているわけですから**。今の府と市の関係は、当然ながらある程度の調整能力を要求します。でも、そんな能力は不要だと言う。これは先ほどの「市民目線」と同じで、「無能な人間にも操作できる仕組みに変えろ」と言っているわけです。自治体を運営する行政官には調整能力や技術知が必要であるという前提そのものが否定されている。

――だからイソジンでも（笑）根拠なき記者会見をして、大騒動にさせてしまう。

内田　でも、イソジン会見の後でも吉村人気は高いままでしたね。

――そうなんです。それが謎です。

内田　いやこれは謎ではないんです。有権者自身が単純な話を求めているんですから。よりシンプルな話の方が「よい話」だという単純主義イデオロギーに社会全体が毒されている。僕は「話を簡単にしよう」とか「もっと簡単に話してくれ」という口出しには簡単には頷かないことにしているんです。僕はむしろ「もっと話を複雑にしませんか？」と提案するようにしている。そういうものなんですよ。話を複雑にした方が話が早い。〝大阪都〟構想というのは「単純な話」ですけれど、まさに「話を簡単にしよう」と大騒ぎしているせいで、これまでにまったく合意形成が成らず、膨大な時間と手間が空費されている。それのどこが「簡単な話」なんです？

僕は骨の髄までプラグマティックな人間なので、「話を簡単にしたがる奴がもたらす無駄」が大嫌いなんです。これは経験的にはっきりしているんです。**話を複雑にした方が話が早いんです**。複雑な話は複雑なままどんどん前に進めてゆけばいい。ちゃんと前に進むんです。この10年間〝大阪都〟構想のために空費した時間と手間を、大阪の府民市民への行政サービスの質向上というリアルな課題に向けていた方が、府民市民はより多くのメリットを享受できたはずです。僕はリアリストですから、非現実的な「単純な話」にしがみついて貴重な資源を無駄にする人間を見ると心底腹が立つんです。

これこそ「ブルシットジョブ」だ

――維新の会のポスターは「大阪の成長を止めるな」。これも立ち止まって考える必要がありますね。大阪は成長してへんのと違うか？と。

内田　大阪は成長していないし、これからもしませんよ。するはずがないじゃないですか。人口減少と高齢化とコロナ禍でのグローバルな行き来が停止した中で、どうやって成長するんですか。住民投票では維新が勝ちそうですけれど、その次は大阪市を解体して大阪府に吸収させる膨大な事務作業が待っています。コロナで行政が疲弊している時に、何の緊急性もない府市統合のための事務作業に膨大な手間と時間とお金をかけなければならない。これこそ「ブルシットジョブ（クソのような仕事）」ですよ（笑）。組織を効率化するための会議に資源を集中したせいで現場には人手も予算も回らなくなった……というのはけっこう「よくある話」ですけれど、大阪がやっているのはまさにこの

「よくある話」の桁外れに大規模なヴァージョンです。でも、大阪市民が「こんなバカな計画に賛成するんじゃなかった」と髪をかきむしるのはあと何年も先のことでしょうけれどもね。

――その時には松井も吉村もいない（苦笑）。そんな悪夢の展開を避けたいので、この本を拡散して、ラジオも聞いてもらわないといけません。なんとか最後まで頑張りたいと思います。今日はありがとうございました。

もくじ　安倍、菅、維新。8年間のウソを暴く

もくじ

はじめに

新型コロナウィルスが世界を襲っている。これは偶然ではない。根本的な原因は資本主義のシステム、つまり儲かるのならジャングルを伐採しても、美しいサンゴを埋め立てても構わない。開発に次ぐ開発で自然が破壊され、人間とコウモリの距離が近づいた結果だ。欲望は無限だが地球は有限。だからこのシステムにしがみつく限り、第二、第三のコロナがどこかで発生し、また日本にやって来る。開発に次ぐ開発で化石燃料を急ピッチで消費した結果、温暖化が進行した。その結果グリーンランドの氷が溶け出している。するとトランプ大統領は「グリーンランドを買う」と言い出した。なぜか？　氷の下にはレアメタルが眠っていて、おいしいビジネスが成立するからだ。アメリカの有権者が「今だけ、金だけ、自分だけ」の政治家を選んだ結果、「コロナは大したことない。4月には消えるだろう」と初動に失敗した大統領のおかげでアメリカの感染者数は世界一。人々は貧困に突き落とされ、社会が分断された。アメリカは次の選挙で何としてもトランプを落選させ、根本のシステムを変革しなければならない。

安倍首相の辞任も偶然ではない。アベノミクスで無理やり株価を吊り上げ、大企業や富裕層に恩恵を与えながら、国民にはマスク2枚。モリカケ桜や河井事件、カジノ汚職などをウソで乗り切ろうとして乗り切れなかった結果、「ボクちゃんはお腹が痛くなりました」

権力で大手メディアを押さえつけ、オリンピックのお祭り騒ぎで国民を煙に巻き、コロナ対策をことごとく失敗させた挙げ句の果てに同情論で逃げ切ろうということだ。だから後任は何としても菅義偉。石破茂になれば「モリカケ桜を再調査せよ」という世論が高まりボクちゃんとその妻は逮捕されるかもしれない。「八百長総裁選」は安倍・菅コンビにとってかなり都合がよかった。メディアは「次の総理はだれか?」「パンケーキが好物」「秋田から出てきた苦労人」などと騒ぎ立て、政権のウソ、公文書の改ざん、金で汚れたオリンピックなどを不問にすることができるからだ。

そんな「八百長総裁選」で菅内閣が発足した。権力が安部・麻生の「ボンボン・バカボンコンビ」から、管・二階の「陰険・悪らつコンビ」に移行したが、「今だけ、金だけ、自分だけ」の政治は続く。

だから日本も根本からシステムを変革しなければ救われない。大企業と富裕層がスポンサーの大手メディアが、資本主義社会の根本矛盾を暴くようなことはしない。「お腹が痛くなってかわいそう」「秋田からの苦労人」という「虚偽に近い報道」によって、内閣支持率が30%から60%へと一気に跳ね上がるという事態になった。菅は「虚構の人気」が消えないうちに総選挙に打って出るかもしれない。バブル崩壊後の30年間、この国では真面目に働く者がダマされ続けて「株式を動かすだけ」、つまり何も生産しない、ごく一部の超富裕層がこの世の春を謳歌してきた。このブックレットの題名を「安部・管・維新。この8年間のウソを暴く」としたのは、そんな状況に終止符を打ちたかったからだ。読者のみなさんには、ぜひ最後までお読みいただき、この情報を拡散していただきたい。この日本を「真面目に働く者が報われる社会」に変革するために。

（この「はじめに」を含め本文は全て敬称略）

第1章

安倍辞任！8年間のウソを暴く

民衆の武器は疑うことの大事さ

佐高　信（評論家・ノンフィクション作家）

安倍政権は「日本の封建主義の産物」

ボンボンたちを悪辣なヤツらが支える

――第2次安倍政権が8年も続き、気がつけば歴代最長内閣になっています。長年自民党内閣をご覧になってきて、今の安倍政権の評価は？

佐高信　その前提として、あなたは日本が民主主義社会であると思っているでしょ？　違うんですよ、日本はまだ封建社会で江戸時代が続いているんです。当時から武士の子は武士、農民は農民。そんな身分社会、世襲制度はダメだということで、形だけ機会平等の「民主主義」が導入された。でも自民党国会議員の約6割は世襲ですよ。これは会社も同じで社長の子は社長。トヨタの社長は今も豊田章男。だから安倍政権を評価する前提として「日本は民主社会である」と考えてしまえば間違えるんです。安倍政権は「日本の封建主義の産物」なんです。まずは日本の封建制度を打破して、せめて民主主義の国にしなければならない。

――そもそもの前提というか、認識を変えないといけないということですね。

佐高　政治家の子は政治家。安倍も三代、あの麻生、アホ太郎（笑）も三代目でしょう。

——（小泉）進次郎は四代目ですね。

佐高　そう。この状況が元々おかしい、と思わなければいけない。「バカな大将、敵より怖い」って言うけど、このボンボンたちを悪辣なヤツらが支えるっていうのが自民党の構図なんですよ。

——その悪辣なヤツらって誰ですか？

佐高　菅義偉と二階俊博。この2人が党と内閣で支えるという構図。ところが間違って安倍が8年も続けるうちに、ばい菌が強くなった（笑）

——アベ菌が（笑）。純粋培養されたボンボンが強化されてしまった。

佐高　例えば「安倍はウソついてばっかりだ」とよく言うけど、あれはウソつくのが商売なんだ（笑）。ウソつく生き物。だから「ウソをつくな」と攻めてもダメで、引きずり下ろすしかない。

——責任を痛感しております、真摯に対応いたします。同じセリフの繰り返し。でもあれが「商売」なんですね。

佐高　責任を痛感してたら、代議士なんてなれるハズがない。

——何回辞めなあかんねんって話ですね。

佐高　それにプラスしてあの奥さん（笑）。夫婦同罪。俺の見た所、安倍は意外に奥さんに弱いのかな。アッキーに対して。

——頭が上がらない？

佐高　晋三に惚れた女はアッキーくらいでしょう？（笑）。アッキーが攻められると身を切られる思いがするわけだ。自分が責められていると思っちゃう。今、引きこもっていると言われてるでしょ。

――そうです、国会にも記者会見にも出てこない。

佐高　出てこなくてもいいんだけど。赤木雅子さんが「夫の死の真相を知りたい」と裁判を起こしましたね。これでアッキーの存在が再びクローズアップされた。これではさすがのアッキーも外へ出られない。

――コロナ禍の中でも花見や大分の神社に行ってましたけど（笑）

佐高　外へ出れない。だから晋三も心配で外へ出てこない（笑）。ダメな王と王妃によって庶民は苦しむ。つまり日本は封建社会の安倍王朝なんだよ。よく北朝鮮の金王朝と批判するけど冗談じゃない、安倍王朝の方がもっと悪辣じゃないかと。

――普通は名誉校長になったり、自粛期間中にタレントと花見してたりしたら「もう離婚じゃ！」となってもおかしくないけど。

佐高　他にいないから（笑）。こちらも森永製菓のお嬢様でしょう。聖心女学院の出身なのに女子大に行けなかったという珍しい例。普通はエレベーターで99・9％は進学するのに。

――その頃はジュリアナ東京で踊ってはったという話ですね。そういえば安倍首相も成蹊大学出身でずっとエレベーターで上がっていったんですね。

佐高　まぁ田中角栄のような政治家もいるので学歴がどうのこうのと言うつもりはないけど、私は山形県の出身で、東京の人にこれを言うと怒られるのだけど、「私立の附属出身者は政治家になっちゃいけない」と思いますね。附属小・中・高校はかなりお金がかかるのでハイクラスの人たちの中だけで育つでしょ。そうすると麻生太郎がよく言う下々の気持ちがわからなくなってしまう。

河井夫妻と安倍夫婦は似ている

――麻生が初めて選挙に出た時の第一声が「下々のみなさん」と呼びかけたっていう話、あれ本当ですか？

佐高　本当。いろんなところに書いてるけど、まだ一度も抗議は来ないから（笑）。小学校とか中学校で揉まれてない人が議員になったらダメですよ。揉まれても菅みたいに悪いヤツもいるけど、例えば田中角栄が「10人集まれば1人くらい共産党もいるもんだ」と言った。この感覚は持てない。

――「揉まれていない」という点では国会で、例えば立憲民主党の辻元清美議員が質問したら、よく逆ギレするし、野次も飛ばしますね。

佐高　特に女に弱い。辻元清美、蓮舫、山尾志桜里、そして福島みずほ。要するに、自分の足でちゃんと立っている女にはものすごく弱い。

――根底に男尊女卑の考えがあって「女に言われてしまった！　クソっ」と逆上するのかな？

佐高　自分自身が弱いから。だからアチャラカパーでも（笑）アッキーならOK。アッキーに関してはね、「妻のことでなんで私が非難されないといけないんですか」という態度でしょ。でも妻が名誉校長やってるから追及されたわけでね。

――だから8億円も値引きしたんでしょ。

佐高　安倍自身だって、あそこ（森友学園）に講演に行こうとしていた。間違って首相になったから行かなかっただけでね。

――そうです。私は籠池さんから直接聞きました。携帯に電話があって「代わりにアッキーを行かせます」と言われたそうです。

佐高　じゃぁ、代わりにアッキーに首相をやらせろよ（笑）。3日と持たないと思うけど。

——河井克行、案里夫妻に渡した1億5千万円。この金は自民党本部から出たんですよね。安倍首相が引きこもっているのは、これを追及されるのが怖いから、という見方も。

佐高　これには黒川弘務検事長の定年延長問題が絡んでくるんだよ。次期検事総長には同期の林真琴に決まっていた。黒川っていう人はずっと裏の仕事をやってきた。例えば小沢一郎つぶしとか。

——陸山会事件ですね。

佐高　黒川は使える、と自民党が考えた。今度の河井事件は、広島の溝手顕正議員を落としたかった。宏池会で安倍を批判してたからね。

——「安倍はもう過去の人だ」とか言ってたんですよね。

佐高　正しいことを言ってたわけだ（笑）。それを怨んだ安倍としては何としても落としたい。溝手には1500万しか渡していないのに河井には1億5千万の金を渡したんだね。

——自分の恨みを晴らすために10倍もの金を。

佐高　ここで公明党が絡んでくる。自民党と公明党はもう一心同体、癒着、密着していてね。

——よく「どこまでもついて行く下駄の雪」といわれてますね。

佐高　雪じゃなくて、下駄に挟まった石。雪は溶けるけど石なら溶け落ちない（笑）。今まで広島の創価学会員は「溝手」と書いてたわけ。それを「河井案里」に変えさせないといけない訳だ。さすがにこれは簡単ではない。

――創価学会員も「なんでやねん！」と。

佐高　それで創価学会の原田稔会長が乗り込んできて、実弾をブチ込んだとか、ブチ込まれたとか。1億5千万円の一部がここに流れた可能性がある。安倍事務所にキックバックされたという話もある。だからここを突かれれば安倍自身が捕まる可能性も。

――だって受け取った側はもちろん、資金を渡した側も公職選挙法違反になるんでしょ？

佐高　それで黒川で揉み潰そうとした。安倍が稲田伸夫検事総長（当時）に、人事で首を突っ込んだものだから稲田も腹が立って、広島地検に「やれ！」と。で、全部ウラを取った。

――金銭の授受を認めた首長も議員もいますね。

佐高　辞職した人もいる。もらった人が辞めて、あげた人は辞めない（笑）

――でも古典的なやり方ですね。議員本人が出向いて封筒に入れた現金を手渡すって。

佐高　河井克行って人は、確か外務政務官を経て内閣の補佐官でしょう？

――トランプ大統領が当選した時、世界に先駆けて安倍首相が会いに行ってますが、それの露払いをした人です。

佐高　先ほど指摘した「揉まれていない人」の筆頭。受験エリートみたいな。ここにアッキーと似たような案里がくっついた（笑）。河井夫妻と安倍夫婦は似てるんだよ。

――あの夫妻が塀の中へ。じゃぁこっちの夫妻も塀の中に入ってほしいな。

森友問題は維新の責任

佐高　森友問題に戻るけど、あの問題は大阪府知事が認可しないと小学校を開けない。だからあれは維新の責任なんだよ、松井一郎知事（当時）の。共犯者である松井市長が知らんふりをしてスルーさせ、今や吉村洋文知事の人気が高いって、バカ言え！と思うよ。真っ黒の維新でしょう？　大阪の人は何してんねん、と言いたい。

――有権者よ、騙されずしっかりしてくれよ、と言いたいです。

佐高　小池に投票した東京都民のバカ。そして吉村をもてはやす、維新を圧勝させる大阪府民のバカ。バカの相似形だ。そして自民党は維新と公明党を操るわけだ。安倍にその頭はないけど。

――悪辣な2人、菅と二階ですね。

佐高　公明党に言うことを聞かせようとすれば「じゃあ維新と組むよ」と言えばいい。お宅らは憲法9条の改正に反対なんでしょと。こんなことを繰り返しているから創価学会員はかなり頭にきてるはず。

――そう思います。大阪でも都構想に反対していた公明党が一夜にして賛成。なんで賛成に変わった？　それは公明党が出ている小選挙区に対抗馬を出すぞ、と維新から脅かされたからです。スジ通りませんよ。

佐高　全然通らない。実は8月10日に平凡社新書で『池田大作と宮本顕治～裏切られたのはどちらだったか』を出した。公明党の本質を暴きたかったからね。

――池田大作というのは創価学会の名誉会長で、宮本顕治は共産党の元委員長ですね。

佐高　ドン。なぜこれを書いたかと言うと1975年に創価学会と共産党が創共協定を結ぶんだ。

両者を仲介したのが松本清張。

——あの大作家の？

佐高　池田大作と宮本顕治が、互いに攻撃するのはやめましょうと協定を結んだ。同じような恵まれない層から支持を受けている両者が手を結ぼうと。毎日新聞で対談してそれが本になった。互いにエールの交換をした。

——それ、いい話じゃないですか。

佐高　そう。ただ、いい話にはウラがある。「愛の不時着」じゃないけど（笑）

平凡社新書
951
佐高信
SATAKA MAKOTO
池田大作と宮本顕治
「創共協定」誕生の舞台裏
〝事件〟の裏に渦巻く思惑と策謀を描き、日本人の軽信を衝く。
裏切られたのは、どちらだったか。
平凡社新書
定価：本体820円（税別）
池田大作に騙されず、批判を続けていれば…

——どんなウラが？

佐高　なぜ池田大作が協定を結ぼうとしたのか？　それは藤原弘達という人が『創価学会を斬る』という本を出して、ベストセラーになった。しかし今は手に入らない。

——買い占められた？

佐高　そう。池田は田中角栄まで使って言論弾圧を仕掛けたが出版は止まらなかった。そして共産党がこの言論弾圧事件を批判する急先鋒だった。当時の共産党のドンは宮本顕治。だから創価学会批判を鎮めるために池田大作が動いた。で、ずるいのは公明党には共産党とずっとケンカしてろと。

――オモテの政党同士ではケンカしてろ。しかしウラの民衆、大衆レベルでは批判するなと。

佐高 当時の公明党委員長は竹入義勝、書記長が矢野絢也。この2人には最後の最後まで明かさない。

――矢野絢也さんは、今は反公明党になってますね。

佐高 まともな人は反公明党になるの（笑）。それで創共協定発表後に竹入はムクれた。我々にケンカさせといてウラで手打ちとはなんだ！ 矢野も最初は反対だったが、矢野から籠絡されるわけ。でも池田大作の本音は協定など結びたくなかった。とにかく共産党を黙らせるために結ばざるを得なかったんだね。ズルイよね、それで共産党は10年も黙っちゃうんだ。

――共産党、黙っちゃったんですか？

佐高 やはり宮本顕治も東大卒のエリートだから。泥水すすって這い上がってきた池田大作にだまされたんだね。毎日新聞で対談して本にまでなった。そこまでデタラメなヤツではないだろうと信じてしまう。ここで共産党が攻撃の手を緩めなかったら公明党は潰れていた、とも言われている。

――緩めないで欲しかったなー。池田大作が生き延びてしまった。

佐高 毎日新聞で対談した本が、今は手に入らない。

――えっ、『創価学会を斬る』と同じように買い占められた？

佐高 よくわからない。だから俺はその本を第1章で要約した。創価学会員が今、それを読んだら戸惑うだろうな。「仲良くしましょう」って言ってるんだよ。

——今も蛇蝎《だかつ》のごとく罵り合ってますよ。

佐高　学会員はビックリするよね。コロナ禍で時間があったので研究できたんだ。池田大作の女性スキャンダルの話とかも。

——創価学会婦人部とのことなど、ウワサにはなっていましたね。

佐高　ここまでデタラメになって、自民党とくっついておかしいでしょう？

公明党は「下駄の石」

——でも平和の党なんでしょ？

佐高　へっ？（笑）

——へっ？って（笑）。一応、平和の党とされてますよね。

佐高　俺はそう思ってないよ。

——15年9月に安保法制が強行採決された時、創価学会の旗を持ってデモに参加した人もいましたよ。心配です、あの人たち。創価学会の中でイジメられてるんじゃないかって。

佐高　最初はね、切ってた。しかし安保法制反対の人が多くなって切れなくなったらしい。「平和の党」という言葉で思い出したけど、俺は慶応大学の出身でね、同期に公明党の浜四津敏子がいる。確か個人情報保護法だったと思うけど公明党は最初、反対してた。

——「福祉の党」「人権守る党」とも言ってますからね。

佐高　とある集会で浜四津は「ナチスもやらなかったことだ」と演説した。楽屋で「同期だよね」と挨拶もかわした。その後すぐに公明党は自民党と手を結ぶことになり、集会にも出てこなくなった。でもこの時の映像が残っていたんだよ。

――よく残ってましたね。

佐高　それを久米宏の「ニュースステーション」に持って行ったの。だって公式な場での演説だからね。

――あの頃、ほぼ準レギュラーで出演されたましたね。

佐高　これ、大丈夫だから流そうと。浜四津が誰よりも激しく批判している映像だからね。さすが「ニュースステーション」、うまかったね。映像の前に♪あなたは、もう、忘れたかしら♪（笑）。この曲をかぶせたわけだ。

――闘ってるなぁ、当時の「ニュースステーション」。久米宏さんとそのスタッフは結構、骨がありましたよね。

佐高　「報道ステーション」になってから、俺はほとんど出演できなくなったけど（笑）。それでね、公明党がこんなことを繰り返してきたから、今、創価学会が揺れてるって言われてる。人殺しの手助けさせられているようなものでしょう？

――平和が大事と言いながら安保法制、いわゆる戦争法に協力してしまいましたからね。

佐高　創価学会が宗教派と政治派に分かれてると言われている。公明党を辞めて、一途に信心しようというのが宗教派。

――かつて「生長の家」は自民党支持母体だったけど、今は政治に口出ししなくなった。そんな感じですね。宗教派、頑張れ！

佐高　そう。しかし10年、いやもっとか。自民党と組んで利権が染み付いてしまってる。

――国土交通大臣は、ずっと公明党です。

佐高　その他、生活保護がらみとかね。だから政治派が実権握ってるわけだ。創価学会も東大閥が幅を利かせている、原田稔会長とか。で、組織が腐る時は、東大閥が出てくるんだよ（笑）

――財務省、経産省なども東大閥がトップで、不正に手を染めてました。創価学会の中で政治派が強いとなれば、まだまだ公明党は「下駄の石」ですね。

佐高　でも下駄しか残らない。履く人いなくなるよ（笑）

――履く人いなくなってきてるかも。公明党の比例票、かなり減ってきてますから。

佐高　そうそう。ただ、自民党と一緒になってるからね。公明党が転ぶと、自民党も転ぶから。

――全国の小選挙区で約2～3万票くらいの創価学会票が上積みされるから、当選できてるわけですもんね。

佐高　約8割くらいの議員がそうかな。よく自民党は野党に対して「野合」と批判するけど、自民党と公明党に勝る野合はないよ。野合しているうちに「融合」したりして（笑）

――安倍がお腹痛くなって下野してる時、やしきたかじんの番組に出て、橋下徹や辛坊治郎に持ち上げられて「維新の党首になって欲しい」「その後に首相に返り咲いて」と言われた。

佐高　それで安倍は自民党の中をけん制したんだ。

——その気になった安倍は維新の党首にならず、自民党の総裁になった。だから公明党に対して「連立組むのが嫌なら、維新と組むぞ」と脅かせる。公明党はどんどん右に寄っていく。

佐高　今度は維新が「下駄の石」になるわけだ（笑）

小池は安倍以上に平気でウソをつく

——これ、危険ですよ。だって維新の支持率が上がってるんです。吉村人気で。

佐高　吉村って武富士の弁護士をしてたの？　とんでもないよ、これ。

——宇都宮さんに詳しく聞きましたが、スラップ裁判で「週刊金曜日」も訴えられたでしょ？

佐高　俺、社長やってたから、被告になっちゃったよ（笑）。でも当時の吉村なんてのは三下だから、目立ってなかった。弘中惇一郎は批判したけど。

——だからこれほど分かりやすい知事選はなかったわけです。武富士から人権を守りきった候補が宇都宮さんで、サラ金側に立った吉村が他の候補を応援する。

佐高　小池のあで姿に負けちゃったけど（笑）

——テレビ討論してほしかったな。

佐高　テレビ討論したら負けるかも（笑）。小池は安倍以上に平気でウソをつくからね。

——カイロ大学出てるのかな？

佐高　出てない、出てない。小池はね、ワールドビジネスサテライトっていう番組のキャスターだった。俺、結構出てたんだよ。それで顔見知りだというので、彼女が議員になってから対談したんだ。うまいよ、新地のママも顔負け。第一声が「あら、佐高さん、今日はいじめないでくださいね」（笑）。でも状況が変われば、態度もガラッと変わる。結構な知り合いが「おい、ユリちゃん」って声かけても「あんた誰？」だもん。

——世間ではジジ殺しと言われてますね。

佐高　二階なんか殺されてね（笑）。自民党を出て、戻るまでの経緯が全部同じ。小沢と別れて戻るまでが二階と一緒。山口敏夫というちょっと問題の政治家がいたけど、その息子の結婚式で、小沢と「わたしの城下町」をデュエットしたんだよ。

電通の黒歴史とメディアの屈服

オリンピック＝電通という関係

——後半は「電通の黒歴史とメディアの屈服」と題してお聞きしたいと思います。持続化給付金に関連して、広告代理店の電通が巨額の税金を中抜きしていました。今まで「電通の悪事」に関して大手メディアはタブー視していたのですが、ようやく電通の名前がワイドショーにも出てきました。そもそも電通ってどんな会社なのですか？

佐高　戦前の通信社で、ある種の国策で生まれた会社です。分裂と合併を繰り返して電通になっていく。その舞台は満州だった。

——今の中国東北部。A級戦犯の東條英機と岸信介が支配をしていた傀儡国家ですね。

佐高　満州の夜は甘粕正彦が支配し、昼は岸信介が支配したと言われてるね。安倍のおじいちゃん、岸の悪辣さは満州で磨かれていく。甘粕は関東大震災の時に無政府主義者の大杉栄を殺害したと言われてる人だね。当時の岸は現在の経産省に当たる商工官僚で、満州を官僚が支配する統制国家の実験場にしようとした。今も経産省の今井尚哉首相補佐官が「影の首相」と呼ばれているでしょう？

――安倍政権は経産省内閣と呼ばれていて、今井の部下で新原浩朗という菊池桃子と再婚した人が「Ｇｏ Ｔｏ」キャンペーンを企画したんですよね。

佐高　桃子もパーだね（笑）。ゲテモノ趣味というか。それで電通の話に戻ると、今井尚哉の叔父さんが岸信介の秘書だった。

――その叔父さんというのは今井敬、経団連の会長だった人ですか？

佐高　違う。今井善衛といって戦後は通産省のトップになった。城山三郎が小説『官僚たちの夏』（新潮社、１９７５年）の中で主人公にしたのが佐橋滋。この佐橋の同期でライバルが今井善衛。佐橋滋という人は一本筋の通った人でね、政治家でも何でもダメなものはダメという。事務次官に上がる予定が、政治家に嫌われていたので、今井善衛が先に次官になる。今の黒川と林の検事総長人事と似てるね。だから政治家に好まれる体質っていうのが今井尚哉にも共通してるんじゃないか。だから岸信介―今井善衛、安倍晋三―今井善哉はこの時代からのつながりなんだ。

――おじいちゃんの関係が、孫の関係につながっている。これは封建社会、一番最初に指摘された江戸時代が続いているんですね。

佐高　ヤツらの頭の中にはまだチョンマゲ生えてるんだ（笑）。それで、電通に話を戻すと、一番言いたいのが、オリンピック＝電通という関係。高橋治之という電通の元専務は「高橋がいなければオリンピックはできない」と言われている人物で、東京招致の際にＩＯＣ関係者にワイロを配った容疑で、フランスから手配されたんだよ。

――当時の竹田恒和ＪＯＣ会長が贈賄疑惑で辞任したんですよね。

佐高　竹田なんてお飾り。実権は高橋が握っているの。

――このオリンピックは一部で、「電通の、電通による、電通のためのオリンピック」と言われています。

佐高　会見では元総理大臣の森喜朗とか、下っ端では元都知事の猪瀬直樹なんかが出てくるけど、裏で取り仕切っているのが電通元専務の高橋。だからフランスから指名手配されたわけだ。

――オリンピックが終わったら、後ろに手が回るかも。

佐高　オリンピックはできないよ。だから小池知事はね「辞退する」って言うべきだった。オリンピックの延期が決まるまで、コロナの話はしなかったからね。延期が決まってから、テレビに出てきてコロナ対策。

――そうです、ロックダウン、オーバーシュートなど横文字の強い言葉で。

佐高　お前をロックダウンしろ（笑）。でもね、小池を「女性知事で頑張っている」という形で持ち上げたりするでしょ？　あいつ、女じゃないよ（笑）。女じゃないって言い方おかしいか。でも女を武器に使ってるね。かつて、俺は太田房江元大阪府知事について「女装知事」って書いた（笑）。太田知事を女性と思うと間違える。小池もまったく同じだ。

――太田元知事より弁が立つ、さらにタヌキな。

佐高　緑のタヌキ。多くの有権者は見た目で判断して「女性でけなげに」と間違ったイメージを持つ。実際は「けなげと一番遠い女」だよ、彼女は。

原発と電通

――それで電通に話を戻しますと、巨大利権の影に電通あり、ですね。

佐高　利権で言えば原発も電通だよ。俺は今まで経済記事を書いてきたけれど、認識が間違ってたね。広告でメディアに圧力をかける双璧はトヨタと松下だと思っていた。でも電力会社のCM料金って桁違いだね。トヨタ、松下を1とすれば、電力は100だ。

――えっ、100倍の料金で?

佐高　そのくらいの開きがある。

――そう言えばアントニオ猪木さんが、かつて青森県知事選挙の際に、原発推進派の知事を応援することになって、その「応援料」が……。

佐高　1億円だよ。途中で紹介した自民党議員が5千万円中抜きした(笑)っていう話もあるけど。原発CMで巨額の利権を手にした電通は、地方紙を巻き込んでいく。

――地方紙というと、立地自治体には「福島民報」や「新潟日報」……。

佐高　そう。そこの論説委員か誰かをシンポジウムに呼んでね。

――講師料を支払って、講演会終了後に「交流会」を持って籠絡していく。

佐高　だから電通といえばオリンピックと原発と考えておけば間違いない。その上で道州制が言われ始めてるでしょ？　橋下徹とか盛んに口にしてたよね。

――大阪都構想の次は道州制の導入だろうと言われています。

佐高　道州制ってのは電力だよ。九州電力、四国電力、関西電力……。

――ホンマや。道州制とピッタリ一致する。

佐高　原発支配の電力国家を作ろうという話なんだ。だから道州制推進論者に原発に反対する人はいない。そして最近の傾向として、経産省出身の知事が増えている。

――安倍内閣はよく「経産省内閣」と言われていますが、地方も同じ？

佐高　安倍の前から経産省出身者が増えている。福岡、大分、茨城、三重、岐阜、鹿児島……。彼らは道州制を主張する。その後ろには電力会社と電通が。

――原発利権の構造としてメーカーの東芝、三菱、日立に建設作業は大手ゼネコン。CM利権の電通を含めた原子力ムラと知事が癒着していく。

佐高　最近の傾向として、ここに創価学会が加わるわけ。故郷の山形に帰って、目立つのが創価学会と聖教新聞の広告。これが結構むしばんでくるよ。

公明党批判ができないメディア

――聖教新聞を印刷する輪転機は、大手新聞社のものを使っているんですね。経営が厳しい新聞社は、「聖教新聞印刷料」として巨額の金が入る。それで創価学会・公明党の批判記事が書けなくなる。

佐高　以前はサラ金のCMを規制するか解禁するかでもめたでしょ？　創価学会の広告ももめたことがあってね。

――特定の宗教団体を宣伝していいのかってなりますよね。

佐高　かつてはそんな意見もあったが、今は公認されてきている。地方紙、地方テレビ、ラジオ局などは早くから創価学会のCMを流していたけど、今は東京のキー局までやるようになった。こうなれば公明党を批判できなくなるよね。

――安倍政権が公明党に支えられて安保法制を強行採決したときでさえ、メディアは公明党を批判できなかった。今後「あれ以上」のことをされてもメディアは沈黙するでしょうね。

佐高　そうだね。ただ、自公政治があまりにひどいので、ハッキリと公明党を批判する人でも当選し始めているんだ。

――小選挙区ででも？

佐高　そう。大阪の某選挙区に行ってね。確か小渕政権の時だったと思うけれど。応援に行ってね、マイク握って「今の日本の首相は小渕ではありません。池田大作です」（笑）って。「大作に日本を支配させていいのか」と学会の本拠地みたいな大阪で。俺はそのまま東京に帰ってくるでしょ。そしたらその候補の事務所におばちゃん達がワーッと押しかけてきたんだって（笑）。でもちゃんと勝ったよ。その選挙区はね、自民党が下ろして、公明党に集中させたところ。確か生意気に（笑）民主党も立ててた。

――普通なら自民・公明の候補が圧勝するはずなのに。

佐高　ちゃんと勝ったよ。身の危険を感じるような演説（笑）だったね。

野党の後ろの組合がダメ

――2019年の参議院選挙。定数1の選挙区が多数でしたが、野党連合を組めたところで結構勝ちましたね。山形、岩手、秋田など1人区で勝ったところは軒並み投票率が上がっている。

佐高　東北の人間として言わせてもらうと、これは明治維新から始まっている。維新って言っても大阪のニセモノとは違う（笑）。官軍とされた薩摩長州だけど、我々は官軍とは呼ばない、「官賊」だ。「官賊許すまじ」っていう感覚は今だに残っている。

――それで東北は野党が強い？

佐高　騙されない。長州の安倍なんて、絶対にニセモノに決まっている、という信念がある。会津と山形の心意気。

――だから山形は全国で唯一投票率60％を超えて、岩手も勝つし、秋田もイージス・アショア問題で野党が勝利。秋田はもともと自民党が強かったでしょ？

佐高　秋田はね、奥羽越列藩同盟というのが作られた時にね。

――そこまでさかのぼりますか（笑）

佐高　秋田が最初に崩れてしまう。今回の参議院選挙は勝ったけど、前回は東北で秋田だけ負けている。われわれの中でも「アキダ　マケルノ　ショーガネェ」って（笑）。それだけイージス・アショアの配備問題にみんな怒ったわけだな。

——東北の事情に疎いもんで(笑)。でも19年の参議院選挙の教訓は「本気で野党がまとまれば1人区でも勝てる」ということですよね。安倍政権を倒すチャンスが来ているのに、なぜか野党側もモタモタしている。

佐高 後ろについている組合がダメ。腐れ連合が。

——今回の都知事選挙でも連合は小池についた。新潟知事選挙では、原発賛成派に。

佐高 連合の中に電力総連、電機連合という労組がいる。こいつらが原発推進で足を引っ張る。だから自治労と日教組は連合に組合費を収めるな、と言いたい。

——昔の総評のような、別の労働組合のナショナルセンターを作ったらいいのに。

佐高 その上で全労連などと共闘したら、情勢は違ってくるね。だって、連合東京なんか、小池の前は猪瀬を推していたんだよ。

——連合は絶対に宇都宮候補を推さない。表向きは共産党と組むのが嫌だから。だけど、裏では原発賛成。財界と一緒にいたいからですね。

佐高 小池なんか、図々しくも得票で猪瀬を上回るつもりだった。都民も疑いが足りないよね。学歴問題ではエジプト大使館が助け舟を出す。でもね、大使館がわざわざカイロ大学学長の声明を発表すること自体がおかしいじゃないか。本来ならこの時にマスコミが動いて真相を突き止めないとダメだよ。

——卒業証明書はいくらでも偽造できるそうですよ。

佐高　エジプトは軍事独裁国家でしょ。自分の国にとって都合の良い人物を育てるわけだ。スパイとまでは言わないが、協力者だな。

――アラブって自分の子飼いを何人もっているかを競い合うような文化ですから。

佐高　明らかに小池はエージェント。ここをなぜ突っ込まないか？

――マスコミ、特にテレビが結果として隠してしまう。それはオリンピックをやるためには、小池が都合がいい。つまりテレビ局もグルだということに気がつかないと国民はいつまでも騙されてしまう。

佐高　そりゃそうだけど、（テレビから）追い払われた私が言うと（笑）引かれ者の小唄みたいで。逆にインターネットテレビが伸びて来てるね。

疑うなら徹底的に疑え

――「3ジジ放談」、デモクラテレビなどネットの視聴者が急増しました。

佐高　これらの番組が突破口になればいいね。「むのたけじ」という人がいたでしょ。あの人スペイン語を勉強していた。半信半疑という言葉がある。これをスペイン語の先生は「おかしい」と言う。半信半疑、つまり疑っているわけでしょう。その状態で半信。なんで信じるんだって。日本人は「半信半疑」を理解する。でもここが日本の中途半端なところかな。疑うなら徹底的に疑え。この「半信半疑」が日本をダメにしてるのかも。

――特に安倍政権になってウソばかり。安倍内閣の閣僚を見たら「オレオレ詐欺師だと思え」くらいでちょうどかな？

佐高　時間が経つとまた元に戻ってしまう。モリ、カケ、サクラ。それが許せなくて俺もいろいろと書いてるけど、例えば20年1月に『幹事長二階俊博の暗闘』（河出書房新社）、19年1月には『官房長官菅義偉の陰謀』（河出書房新社）。

――二階が暗闘で、菅が陰謀（笑）。どちらも読まないと。

佐高　書きながらビックリしたんだけど、二階は自由党で小沢の子分だった。で、自由党が健闘した選挙があってね、その時の二階のコメント。「レベルの高い層が自由党を支持してくれた。低い層は自民党に流れた」（笑）。

――今はレベルの低い自民党の責任者ですね（笑）

佐高　コメントは「天は小沢を見捨てなかった」と続くわけ。お前、すぐに小沢を見捨てたじゃないか（笑）。

――その「レベルの高い二階さん」は「Ｇｏ Ｔｏ」キャンペーンで旅行業界から４２００万円の献金まで。こんな時に旅行に行けって言う。

佐高　二階は運輸観光業界のドンだから。

――二階の献金、森友問題で自殺された赤木さんの手記、河井夫妻への1億5千万円など、政界を大きく揺るがすスクープはいつも文春でしょ？　本来なら大手新聞社がやらないといけないのに。やはり記者クラブ制度に問題があるのかなぁ。

佐高　皮肉を込めて言ってるのは、新聞記者がだらしないからわれわれが食っていけるって（笑）。

あいつら月給もらって寝てるから俺たちに仕事が回ってくるんだ。

――寝てませんって、賭け麻雀してたから（笑）。

佐高　そうか、麻雀する暇はあったんだな。しかしずっと寝ててほしいとは思わない。俺が発見したネタを追っかけてほしい。後追いでいいから。

――調査報道って大事でしょう。例えばトランプが1年に何回ウソをつくか。ワシントンポストは克明に数えて「トランプのウソの回数とその中身」を報道してます。日本でも安倍が何回ウソつくか、数えて発表する新聞があってもいいのに。

佐高　望月依塑子との本で紹介してるエピソードだけど、朝日新聞の南彰記者が会見である書籍を取り出して「文書は残しておかねばならない」と読み上げてね、「これ誰が書いた本かわかりますか？」と聞いた。菅は「知らない」と答える。その本は菅が書いた本だったの（笑）。菅は激怒したらしいよ。その後、記者会見はまた閉鎖されたそうだ。

――南さんは出入り禁止になった。今、小池知事はジャーナリストの横田一さんを当てないそうですね。こんなことばかり言ってるので、佐高さんは最近テレビに出れなくなってますね。

佐高　半年に1回くらい、TBSのサンデーモーニングに出るくらいかな。俺は創設以来のメンバーだったのに。

――こんな時代、モリカケサクラに河井事件と連続で起きる不祥事が追及されない今だからこそ、佐高さんにはもっと地上波に出演してほしいな。

佐高　でもね、公明党・創価学会の浸透度がすごいよね。俳優やタレントなど見てると、あー、あの人は学会だ、この人もだと。タレントはディナーショーなどの切符を買ってもらわないとダメだからね、どうしても学会に頼るわけ。だからちゃんと創価学会を批判ができるかどうか、が問われてくるんだよ。

——今の調子でいけば、佐高さんの場合、半年に1回が1年に1回になりそうな。

佐高　中元、歳暮状態が、歳暮だけに（笑）

いま、なぜ魯迅か

——最後に何かメッセージを。

佐高　『いま、なぜ魯迅か』（集英社新書、2019年）という本を書いたんだけど、日本って「信じることが大事」とされてるよね。でも「疑うことの方が大事」だと思うんだ。疑い深いヤツはダメだという風潮があるけど、これはおかしい。

——ずっとダマされていたらダメですよね。伊丹万作が「戦争責任者の問題」（映画春秋、1946年）で騙されたものの責任を説いてますが。

佐高　だから今度の『池田大作と宮本顕治』（平凡社新書）でもね、騙した池田と騙された宮本って書いた。つまりお人好しではダメだということ。疑うことの大事さを持たないと、いつまでも小池とか維新に騙されてしまう。権力と対峙する時に民衆側には三つの武器がある。それは疑う、ウソをつく、逃げる。これ全部、道徳教育では否定される。教育勅語では悪いことになってしまう。でも権力と向き合った時、疑う、ウソをつく、逃げるというのは悪いことではないって思わなくちゃいけない。

――僕もビンラディンの暗殺現場を取材してた時、パキスタンの秘密警察に捕まってしまい「何してたんだ？」と聞かれ、「観光です」と。本当のことを言えば監獄行きでした。

佐高　正直な人は中東にはいかないの（笑）。中東っていえば小池と一緒だね。

――カイロ大学を首席では出れませんよ。アラビア語をマスターすること自体が日本人にとっては至難の技。留年せずに卒業するのは無理だと思います。

佐高　「女帝」（『女帝小池百合子』文芸春秋、2020年）が売れてるね。著者の石井妙子さんを元参議院議員の平野貞夫に紹介したんだ。平野は小沢の秘書で小池とのエピソードもたくさん持っている。インターネットテレビで石井・平野対談が実現するかも。

――それは楽しみです。今回は公明党や電通、アベ政治をバッサリと斬っていただきました。次回は「俺たちはこうして安倍を打倒した」みたいなテーマで話ができるといいですね。今日はありがとうございました。

なるべく自然に寄り添うように生きよう

小出　裕章（元京都大学原子炉研究所助教）

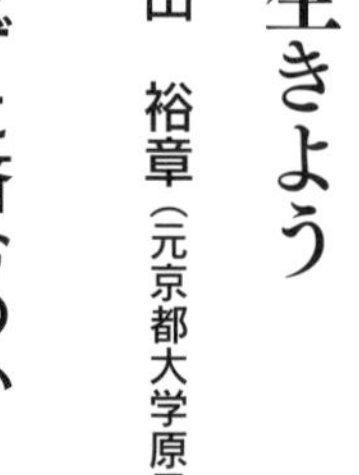

「想定外」と言えば、すべての責任を取らずに済むのか

２０２０年７月５日、長野県松本市にお住いの小出裕章氏を訪ねた。２０１５年に元京都大学原子炉実験所を退職された小出さん。引き続きこの地から反原発、戦争反対、安倍政治打倒などのメッセージを発信されている。今回の対談では安倍政権と専門家の関係、戦前から続く原発と核兵器の関係、そしてアフターコロナ社会への展望についてたっぷりと語っていただいた。

「専門家集団」はどう見えるか

――松本駅に降り立って、駅前ロータリーの大きな温度計を見ると29度。信州も暑いですね。大阪とあんまり変わらへんなと。

小出裕章　私は41年間、大阪府泉南郡熊取町で仕事をしてきました。とても暑いところでした。暑いのが大の苦手で退職したら涼しいところ、信州の松本市なら大丈夫だろうと思ってやってきましたが暑いです（笑）。全く予想が外れました。

――地球温暖化の影響だと思いますが、昨日も熊本県が豪雨に襲われて大災害になりました。19年

10月、ここ長野県でもありましたね。

小出　千曲川が氾濫して大水害になりました。自然のバランスが崩れてきてるような気がします。

——大雨が降った時、大地震が起きた時はみんな大騒ぎしますが、すぐに記憶が薄れ、風化します。でも日本が災害列島であることは変わりない。大きな地震や台風で原発が壊れたらどうするのか心配です。

小出　日本は小さな島国ですが、地球上のすべての地震の10～20％が日本で起きているのです。もともと原子力発電所が膨大な危険物を抱えているということは専門家なら誰でも分かってる。だから本当なら日本のどこにも建てる場所はない。世界で原子力を牽引してきたのは米国とヨーロッパです。米国は１００基を超える原発を作りましたが、ほとんどは東海岸に立てた。西海岸は地震が起きますが、東海岸では地震が起きないのです。

——アメリカの方が賢いじゃないですか。

小出　はるかに賢い。ヨーロッパでも１５０基くらい作りましたが、あそこはカンブリア大地という古い安定した岩盤でできていています。イタリアなど地中海沿岸の一部を除いて、もともと地震がないのです。だから原発を建てられたわけです。それなのに日本はなんと57基も建ててしまった。建てた人たち、つまり国は「まぁ何とかなるだろう」と言いながら稼働させてきたのです。挙げ句の果てに東北地方太平洋沖で巨大な地震が発生して、福島第一原子力発電所で過酷な事故が起きてしまった。言ってみれば当然起きるべきことが起きた。本来ならここで気が付いて改めなければならないのに、残念ながら今の政権は相変わらず原子力にしがみついているわけですね。

——3・11から10年が経った今、コロナが世界を襲っています、日常生活が日常でなくなる、今までの常識が通用しなくなるという点でいうと、3・11後の日本と似ていると思います。あの原発事故の時、専門家たちがテレビに出てきて「まだメルトダウンしていません」「爆発なんてしません」などと言いました。小出さんはすぐに「メルトダウンしている。逃げてください」と警鐘を鳴らしましたね。今回のコロナもそう。政府の指名した専門家の多くは、当初「発熱しても自宅で待機」「PCR検査をしなくても大丈夫」など、初期対応に失敗したと思います。小出さんから見て、この「専門家集団」はどう見えますか？

小出　みなさんは「専門家」「大学教授」と聞けば、人格高潔で正義感があり間違ったことは言わないと思ってはいませんか？　これは全くの誤解です。一般的な「日本の子育て」を考えればわかります。一所懸命勉強しなさい。末は博士か大臣か、故郷に錦を飾りなさいと、少しでも「いい大学」に入り、大企業への就職や公務員になることを求められる。

——塾の看板にも「東京大学、京都大学に〇〇名入りました」などと書いてあるし、高校の間でも「関関同立に何名が合格したか」が勝負のようになっています。

小出　子どもの頃からそうして育てられ、出世することこそ人生の目的であるかのように思わされている。

——今は正社員になれないと非正規雇用、派遣社員ですから、私の時代よりももっと追い立てられているように感じます。

小出　そうですね。非常に差別の厳しい世界になっているので、親としては少しでも子どもを「いい大学」に入れようとする。学者とか高級官僚はどんな人たちかというと、そんな親の願いに応えるように、少しでも「いい大学」「いい企業」に入ろうと努力してきた人たちなんですね。そんな価値観のもとでずっと生きてきたからお上に楯突くとか、組織に楯突くとかは全く論外。テレビに出てくる「専門家」と呼ばれる人たちは、そうやって生きてきたし、そこから外れることはできない人たちなのです。

——原発反対を訴える小出さんは、「お上に楯突く」ので絶対にテレビに出られない専門家（笑）ですね。3・11直後に「まだメルトダウンしてません」と言った専門家たちは、本当にそう思っていたのか？　それとも国民を騙そうとしていたのか？　どちらなのでしょう。

小出　少しでも原子力のことを学んだ人なら、初期段階でメルトダウンしていることはわかったはずです。大学の教授も東電の担当者も知っていながら、言えなかった。国の意向は「パニックを防ぐこと」「平常な状態を保ちたい」ことだったので、その空気を読んでいたのでしょう。

——「忖度のプロ」みたいな人たちなので、本当のことを言えなかった？

小出　逆に忖度できない、空気を読めない人はテレビにも出られないし、国の委員会にも呼ばれない。だから国民には本当のことが伝わらなかったということです。新型ウィルスに関して言えば、安倍さんは東京オリンピックを予定通り開催したかった。その理由は福島事故をお祭り騒ぎで忘れさせるためです。だから感染拡大していても検査をせず、被害を最小に見せながら対策をズルズル引き伸ばした。当然これでは感染を止めることができなかったので、オリンピックの延期が決まり、4月になってやっと緊急事態宣言。しかし宣言を出しても検査数が伸びない。なぜか？　それは厚労省が「検査は保健所で一括して行う」という方針を出した。しかし肝心の保健所も病院もリストラされて人員や予算、検査機器が不足していた。私は当初「感染者数をごまかす」ために「検査をしない」のが安倍さんの意向だと思っていましたが、実態はさらにひどくて「検査したくてもその力さえない」状態だったのです。

日本にあった原爆研究施設

――大阪市ではもともと28あった保健所が2000年に1カ所に統廃合されました。大阪湾岸開発や、08年の大阪オリンピック誘致などにお金を使ったため、保健所がリストラされていたのです。

小出　大阪はそのあとの維新政治でさらに病院や公衆衛生研究所などが潰されました。つまり新自由主義、いわゆる「小さな政府」が間違っていた。市民生活に必要な部署を大事に守るべきだったのです。

――もともと日本の原発はアメリカやイギリスに売ってもらったものですよね、つまり作る能力もないのに始めちゃった。それなのに「日本の原発は壊れません」と言い、保健所を統廃合して検査する能力もないのに「日本の医療は最先端」と言う。なんか似てませんか?

小出　もともと日本は原子力の後進国なんです。

――そうですよね。確か福島原発は「ターンキー方式」。つまり鍵だけもらって、運転を始めたんでしたね。

小出　福島第一原発1号機は70年に米国のGE社から「ターンキー契約」で購入した。スイッチ入れたらとにかく動くという状態で始まった。その前の東海原発もイギリスから「ターンキー契約」で入れてもらったものです。

——ということは、設計、構造、メンテナンス、全然分かってない中で動かした？

小出　何もわからないまま（苦笑）。日本ってなんとなく「科学技術立国」のように言われるけれど……。

——なんとなくそう信じ込まされてました。ソニーがあったり、トヨタがいたりしますから。

小出　日本は明治維新が起きるまでは鎖国していたんです。ヨーロッパ型の科学技術にほとんど接触のないまま過ごしてきた国。ペリーが横須賀に来て大砲撃ったらビックリして（笑）開国。そんな国なんです。

——その後、脱亜入欧で西洋に追いつけ、富国強兵だと。

小出　追いつくためには、自分が植民地にされるのはイヤだから、自分が植民地を作るんだとアジアに出かけて行って、挙げ句の果てに先の戦争で負けてしまったわけです。戦争に勝った米国が日本に上陸してまず最初に何をしたかというと、原爆研究の施設を潰して歩いたのです。

——えーっ、それは知りませんでした。

小出　第2次世界大戦で、米国はマンハッタン計画を実行して原爆を作るのですが、当時は世界中の国が原爆を作ろうとしていた。日本もそうだったのです。

——確か、東大や京大に機関を設けて。

小出　陸軍が東大と、海軍が京大と協力して、理化学研究所を中心に原爆を作ろうとしていたのです。でも資源も技術もない日本にできるはずがなく、結局やられてしまった。日本を占領した米軍は、まずは原爆研究施設を潰すことから始めたのです。占領状態が解消されたのは52年のサンフランシスコ講和条約です。一応、日本は被占領国から独立国に戻った。

――カギカッコ付きの「独立国」ですね。

小出　今でも全くの「属国」ですが（笑）。つまり戦後の日本は原子力研究を禁じられていたのです。形だけ独立国になって、初めて原子力に手をつけてもいいか、となったわけですが、「原子力の研究は原爆研究につながる。やってはいけない」と日本学術会議は反対だったんです。

――その時の学者さんたちはモラルというか、良識がまだあったんですね。

小出　あったんです。でも54年3月に中曽根康弘さんが「学者がボヤボヤしてるからダメなんだ。札束で頬っぺたを叩けばいいんだ」と、国会で原子炉建造予算を成立させたんです。

――2億3500万円。ウラン235に引っ掛けて。

小出　そうです。鼻先にニンジンがぶら下がると、学者たちはもう、あっという間にその金に群がって行く、そんな状況になりました。

――仕掛けたのは中曽根さんと正力松太郎さんですね。

小出　それが1954年なんです。54年はどんな年かというと、ロシア（旧ソ連）で世界初の原子力発電所が動き出した年なんです。

――世界初はロシアだった。

小出　米国は確か57年。数年遅れで始めた。イギリスもその頃から商業用の原発を動かし始める。

日本はどうかというと先ほど述べたように66年にイギリスから「ターンキー契約」で東海原発を。

――買い取った。作る能力も、動かしたり、止めたり、点検したりする経験もないまま。

小出　だからロシアからみれば干支で一周して12年後に、それも人の作ったものを譲ってもらう。日本はそれほどの原子力後進国なのです。戦争という歴史を経てそうなったわけで、私としては原子力後進国で全く問題ないと思うのですが。

――怪我の功名で、やらない方が良かったのに。

小出　でも日本は「自分たちは科学技術先進国だ、できないはずはない」と。86年に旧ソ連でチェルノブイリ事故が起きた時には「社会主義のソ連はダメな国で、技術が未熟だから事故が起きたんだ」と。

――確かあの頃、政治家も評論家もそんなこと言ってましたね。「日本は大丈夫」だと。

小出　「あれは旧ソ連の技術が未熟だったから」「日本の原発は優秀なので壊れない」とね。でも事実としては全く逆なのです。少し脱線しますが、チェルノブイリ事故ではたくさんの住民が被曝しました。

チェルノブイリ法の日本版を

――いまだに帰れない村がたくさんありますね。

小出　はい。でも旧ソ連は91年に「事故は確かに起きた。だが住民を守るのは国の責任だ」とチェルノブイリ法を作ったのです。被曝はとても危険なので、年に1ミリシーベルト以上の被曝をさせてはいけない、という法律が世界のほとんどの国にあったのです。旧ソ連はその後ロシア、ウクライナ、ベラルーシに分かれましたが、それぞれの国でチェルノブイリ法を作って、1年間に1ミリシーベルト以上の被曝をする地域の住民は移住の権利があると、国を挙げて住民の被曝を防ごうとしたのです。

——事故を起こした国の責任を果たそうとした。

小出　日本はどうか。住民は1年間に20ミリシーベルトまで我慢しろ、という特別措置法で、被曝を強制し続けるという国なのです。

——本来なら「福島法」を作るべきだったのに。

小出　今、各地で「チェルノブイリ法の日本版を作ろう」「年間1ミリシーベルトを国に守らせないといけない」と運動している方々がいます。ロシア、ウクライナ、ベラルーシに比べても「無法な国」と言うべきです。

——それらの国々は「移住の権利」を認めているんですね。日本は逆に「移住するな、帰還しろ」で、無理やり戻そうとしている。

小出　そうです。これまでは曲がりなりにも、移住者に対して国は住宅の補助をしてきました。しかし17年3月で打ち切り。それ以後は自治体で支援してきたのですが、それも19年3月で打ち切ってしまいました。ようやくにして避難した人たちですよ。帰れと言われても帰るところがない。今、福島県が率先して「帰って来い」と言う。で、帰ってこない人たちに対して「ワガママなんだから、今後は家賃を倍額で払え」と。

――えっ！　そんな……。

小出　住民を裁判に訴えるということまでやってるのです。

――知りませんでした。ひどすぎます！　加害者は国と東電、福島県だって責任あるでしょ？

だって、原発を誘致したのは福島県なんやから。

小出　その通りです。

――現地の方に聞きましたが、避難した人と残った人の間で言い争いがあるそうです。「あなたは逃げられてよかったね」「私は逃げられなかったのよ」。住民同士でケンカして、どないするねんと思いますが。

小出　国と福島県がケンカするように仕向けているのです。「汚染なんか気にしないで生きろ」と。つまりもう何の補償もしないということです。こうなると、ほとんどの人がそこで生きるしかない、自分の街を復興しようということになる。いま福島で何より大事なのは復興だ、だから「放射能が怖い」などと言うヤツは復興の邪魔だ。いまだに逃げたまま、帰ってこないヤツはとんでもないヤツだとなります。

――新たな差別、新たな分断が始まる。

小出　被害者同士がいがみあわされている。被曝しながら居残った人、猛烈な放射能で今だに帰れない5万人くらいの人、被曝を恐れて避難した人、すべて被害者です。それぞれ多様な被害をうけて、多様な苦悩を抱えているのです。本当はお互いの苦悩を理解しあって、お互いに手をつないで、加害者と闘うということをしなくちゃいけない。

――すごくずる賢いやり方ですね。互いにケンカさせて国や東電はセーフ。

小出　ほとんどの人は国の意向に従順に従うことで出世や自分の生活を維持してきたわけですから、国の意向がそうであるなら、福島県という自治体すらが、従ってしまいますし、福島県内の市町村もまた屈服してしまうわけです。こうなると住民も屈服してついていくしかない。この状態に追い込まれているんだと思います。

「心の除染」宣伝で大儲けの電通

――そんな「国の悪だくみ」を暴くのは本来メディアのはずですが、小出さんはメディアと国の関係をどう見てますか？

小出　グルだと思います（笑）。原子力をやるときも、国がメディアを全部抱え込んで進めてきたわけです。福島事故の後、例えば伊達市で電通が国や市の予算を得て、ほんのわずかの除染をした。その後「もう安全です」と住民を騙すという活動をしたのです。

――えっ、電通が除染を？

小出　電通は金を得て、下請けに回したのでしょう。

――持続化給付金のサービスデザイン協議会と同じ構図ですね。

小出　巨額の税金を得て下請けに流しながら、一部、ごく限られたところを除染。「もう安全です」としきりに宣伝しました。最後に彼らはこう言ったのです。「除染は終わった。後は『心の除染』です」と。これ以上汚染を心配するのは、「心が汚れているから」だと（苦笑）。

――「心の除染」というキャッチフレーズを考えるという悪知恵。底意地の汚さが垣間見得ますね。

小出　本当に汚い仕打ちです。心が汚れているのは国や東電、電通など、お前たちの方だ！と思います。

――お前たちの心と財布が汚れとるねん（笑）。因みに昨日（20年7月4日）、熊本県で大水害が起きましたが、田んぼを除染しても大雨が降れば、放射能が流れてくるでしょ？　除染なんて終わるはずがない。

小出　もちろんです。「除染」とは汚れを除くと書きますが、汚れの正体は放射能。人間がいくら手を加えても消せません。

――「移染」ですよね。移すだけ。

小出　ここにある汚れをフレコンバッグに入れて別のところに積み上げているだけ。そのフレコンバッグが大雨で流されたこともありました。さらに言えば国の言う「除染」、つまり「移染」ができたのは全体のほんのわずか。住宅の周り、学校の校庭、道路や田んぼなど。汚染の本体は山にある。森林には手のつけようもない。自然はつながっていますので、雨が降れば流れてくるし、山火事になれば煙とともに舞い上がってしまう。

――「除染」やってますよ、と言いながら、結局はゼネコンが儲けただけ、電通が儲けただけになってませんか？

小出　もちろんそうです。原子力を進める時にゼネコンは大儲けをした。電通も莫大なＣＭ料金で大儲け。事故が起きたらゼネコンは除染でまた大儲け。電通も「心の除染」という宣伝を繰り返して大儲けしている。転んでもとにかく金儲けですね。

——下手なオレオレ詐欺より悪質ですね（笑）

小出　はるかに。安倍さんがそのトップにいる限り、守ってもらえるわけですから。

——「お友達」ですからね。韓国は大規模なデモをして汚職の大統領を逮捕しました。でも日本はどうも大人しいというか。本当なら「あのご夫妻」も塀の中にぶち込まないといけない。

小出　検察までが頭を押さえられていますからね。安倍さんがトップでいる限りは無理なので、まずは引きずり下ろして、次の政権で安倍さんを逮捕するのがいいと思いますが、そこまで行けるかな、という不安がありますね。

震源地に建つ浜岡原発と伊方原発

——早く安倍政権を打倒しないとダメだと思います。この災害列島の中で、次に3・11規模の地震、東南海トラフが動くとか、可能性が高まっているでしょ。そんなことになればまた原発が壊れませんか？

小出　壊れると思います。例えば静岡県に浜岡という原発があって、1号機から5号機まで作られました。1、2号機は廃炉になって3、4号機は菅直人首相（当時）の要請で止まっています。今は全部止まっているのですが、いつか中部電力は動かしたいと思っている。では浜岡という場所はどこなのか？

——どこですか？

小出　東海地震の予想震源域の、ど真ん中に建っています。

――（しばらく絶句）よりによって、なぜそんな所に？

小出　知らなかったからです。

――えっ、地震を知らなかった？

小出　70年代のはじめ、要するに東海地震が話題になる前に建ててしまった。とにかく土地さえあれば、そしてその土地を手に入れてしまえば建ててしまおうと。地方の財政が逼迫して困っている地域の土地を狙う。買収してしまえば、どんな場所であろうとかまわず建ててしまった。

――最悪の場所。地震の脅威が迫ってきている今こそすぐに廃炉にすべきなのに、防潮堤作ってますよ。再稼働する気満々じゃないですか。

小出　確か高さ20数メートルだったかな、巨大な屏風のような。東海地震の予想震源域の真ん中であっても、彼らはやると言っている。

――クレージーですね。

小出　クレージーです。

――福島が津波で壊れたからって、せっせと防潮堤を作っていますが、今度は地震で壊れませんか？

小出　私は壊れると思います。

――じゃぁ防潮堤の意味がない。

小出　防潮堤だって、屏風ですよ（笑）

――波が乗り越えてくる？

小出　乗り越えるのか、倒されるのか。役に立つかどうか分からないし、自然は予想を超える規模で襲ってくるのです。昨日の球磨川の氾濫だって、まさかないだろうと思っていたわけで……。

――毎年のように「観測史上初めての大雨」「最大規模の台風」などと言われてます。

小出　記録というのは塗り替えられるのであって、予想を上回るというのは当たり前のことです。福島の原発事故でも予想を上回った事態だと言い訳する。

――彼らが連発するのは「想定外」

小出　浜岡だって危ないし。伊方も。

――四国の愛媛県、佐多岬の付け根に建っているんですね。

小出　日本の最大の活断層、中央構造線の真上に建っています。

――浜岡も真上、伊方も真上。恐ろしいことになってます。

小出　そこで事故が起きても彼らは「想定外」と言う。彼らには絶対的な自信がある。「想定外」といえば、すべての責任を取らずに済むんです。これは福島の事故で立証されている。

――みんな無罪という判決が出たから？

小出　そうです。東電の会長も副社長もみんな無罪。「福島は安全だ」とお墨付きを与えていた原子力委員会の委員たちも、誰も責任をとらない。自民党の政治家たちも。そして東電はすでに黒字会社になっている。

――国の税金が突っ込まれている会社が黒字（笑）ってどういうこと？

東電旧経営陣3人無罪

巨大津波「予見できず」

福島原発事故　強制起訴判決

東京地裁

豚コレラ、ワクチン実施へ

政府方針　輸出は困難に

建物被

千葉・台

これで「原子力マフィア」は怖いものなしになった（毎日新聞2019年9月20日）

小出　中部電力にしても九州電力にしても、何も怖いものはない。次にどんな事故が起きて、住民が苦しんでも俺たち何の責任もない、大丈夫、ということが保証されてしまった。

――苦しむのは周辺の漁民であり、農民、市民たち下々のものだと。

小出　原子力マフィアたちは完璧に逃げ切れる。それが福島で明らかになった。

――だから再稼働を仕掛けてくるんですね。

小出　牢屋に入らなくていいのですから、金儲けのためにまい進するわけです。

――この日本の体質は、戦争であの塗炭の苦しみを与えた戦犯たち、安倍首相のおじいちゃんたちが裁かれなかった。誰も責任を問われなかった、というのが根本にありますね。

小出　そうです。戦争に勝った米国の思惑で、裁きたいヤツだけ裁いた。戦後、米国に協力するヤツは利用した。天皇を生き延びさせれば、コントロールできる。だから天皇の戦争責任を問わないということにした。

――天皇の下で、戦争に突っ走った東条英機の部下であった岸信介は首相にまでなってしまった。その名誉回復を望む孫はまだオリンピックをあきらめない。

小出　福島の事故があって、これだけ苦しんでいる人がいるのに。

――その上にコロナが襲いかかっています。失業、倒産、貧困層の急増。こんなときにお祭りしている場合ではないでしょう？

小出　やらねばならないことが山ほどある。しかし安倍さんを中心としてまだオリンピックにしがみついています。

アフターコロナをどう生きていくか

歴史のある小さな街に暮らして

――最後に、今後の日本のありようについてお聞きします。今回のコロナ禍、そして洪水被害で、この社会が意外なほどにモロいことが分かりました。今こそ農業やものづくり、教育や再生可能エネルギーの重要性を感じています。小出さんは、アフターコロナをどのように生きていこうと考えていますか？

小出　私はもともと東京生まれの東京育ちです。私が「東京はもうダメだ」と感じたのは１９６４年の東京オリンピックの時だったのです。それまでの東京はまだまだ小さな街で、上野と浅草の真ん中あたりに住んでいたのですが、自宅から半径100メートルくらいの円を描くと、そこには八百屋さん、肉屋さん、歯医者さん、豆腐屋さん、床屋さん……。どこでも歩いて日常生活ができる街でしたが、オリンピックでガラガラと変わってしまいました。

――高層ビルが乱立して、新幹線が通って……。

小出　日本橋の上に高速道路が通って。そんな光景を目の当たりにして、「もう、この町はダメだ」と思い、東京から脱出しようと考えて東北大学に進んだのです。

――杜の都、仙台ですね。

小出　当時の仙台はいい街でした。大学院まで学んで、京都大学大学原子炉実験所に就職。大阪府泉南郡熊取町での41年を経て、ここ松本にやって来たわけです。

――なぜ松本市を選ばれたのですか？

小出　最初にお話ししたように、私は暑いのが苦手なので、まずは涼しいところがいいなと。でも大きな街は嫌だった。東京、大阪、名古屋などの大都市は論外です。それ以外の都市でも新幹線が通ると、街がみんな「ミニ東京」のようになってしまうのです。仙台もそう。駅前はほとんど東京です。

――同じ名前のチェーン店、同じようなビルとホテルが並びますよね。

小出　そうです。仙台もダメになった。だから新幹線が通らない街で涼しい所を探し始めました。でも定年退職後の人生、つまり歳をとりましたので、本物の田舎だと生きていけない。病院や診療所などの社会的インフラが必要になるわけです。そこで地方の、歴史のある小さな街に行くことにしました。あと付け加えるのなら、私は山が好きで、欲を言えば温泉がある街がいいな（笑）と、絞っていった結果が松本でした。もう5年になりますが、快適に暮らしています。ここでは「なるべく自然に寄り添うように生きよう」と思ったので、屋根には太陽光発電のパネルと太陽光温水器を置いて、電気と温水を賄うようにしました。電気は完璧に余り、余った分は中部電力に売っています。夏場の風呂も完璧です（笑）。いまは畑もやってますが、浴槽の水を地下に落として、畑の水にしています。省エネの生活を目指すとともに、食べ物もできるだけ自給しようと思って、野菜や果物を作っています。野菜は30種類くらい育ててますのでほぼ自給自足です。

——それはすごい、トマトやナスが菜園で育っているんですね。

小出　思い付く野菜を言ってください。ほぼ作ってます。

——キュウリやキャベツは？

小出　もちろん、作ってます（笑）。結構このことは大切なんじゃないかと思うんです。畑をやってると、人間のちっぽけさとか自然のありがたさが骨身にしみてわかるんです。土があって、そこにタネをまく、苗を植える。すると土の中からジャガイモがゴロゴロ出てくる。

——言われてみたらその通りで、それが農業ですからね。

小出　二十日大根なんて、真っ赤なのが土の中から出てくる、不思議だし、自然というのはこういうものなんだなと。

——だから私たちは生きていける、ということですよね。

小出　そういうことを知らなければいけないし、都会に住めば、それが実感として分からなくなってしまうのです。

――コンビニでなんでも揃ってしまいますからね。

小出　生活全体が狂ってしまう。チェルノブイリで巨大な事故がおきましたが、住民は結構持ちこたえることができました。なぜかというと日本と旧ソ連では暮らし方が違った。あちらではダーチャがありましたから。

――何ですか、そのダーチャって？

小出　いわゆる別荘です。日本では例えば、軽井沢に行って夏の間の数週間を過ごす、というイメージでしょう？　旧ソ連はそうではなく、結構近いところにあるのです。そこでみんな菜園を持っていて、野菜は自分で作るのです。

――なかなかいい制度ですね。

小出　社会主義の国で、国民は労働者ですから、食料も自分で作るという制度ですね。でもこのようなシステムは東京では絶対に無理。

――土がありませんからね。

電気の地産地消を今こそ

小出　もっと地方分散的に、それぞれの働く人が自分の菜園を近くに持てる、そんな街づくりがいいのではないか。もっと言えば国土全体の作り方を考えないといけない時代が来たな、と思います。

よく「ウィルスと闘っている」と言いますよね、でもウィルスは人間が地上に現れる遥か昔からいたわけです。

――そうです、闘って勝利できる相手ではない。

小出　新型ウィルスが収束しても必ずまた次がやって来る。ウィルスと遭遇する機会を人間自身が作っているんですよ。どこでも開発して、自然を破壊してきた結果として。おそらく何度も何度も繰り返される。そうなった時に、どうやって傷を浅く済ませることができるのかを考えなければいけない。そのためにはどんな街づくり、国づくりをしていかないとダメなのか、どんな仕事のやり方にすればいいのか、真剣に考えていかないといけない。

――例えば、火力発電や原発は石油やウランの燃料を外国から買わないといけない。これを太陽光や風力、小水力などに切り替えると、燃料費が浮く。この分の予算を地方に回して、例えば長野県には急流の河川がたくさんあるので、小水力発電で売電して、得た収益で村おこし、などが考えられますね。

小出　そうです。しかし注意しなければいけないのは、メガソーラーといって東京の資本がやってきて山の斜面をパネルで覆ったため、土砂崩れなどの原因になります。収益も東京が吸い上げて行く。だから同じ太陽光発電でも地域の中で循環できるという形でする必要があります。地域には、それを考えて実行する力があると思います。東京を解体して、東京の人たちも長野県にやって来る。あちこちにダーチャ、菜園を持ちながら仕事もできるという街づくりを考えるべきだと思います。

――地元で循環、エネルギーの地産地消が実現できれば、送電線の問題も解決しますね。遠いところまで送らなくても済みますから。

小出　そうです。原発なんか作ってしまうと100万ボルトの送電線が必要になります。例えば東京電力は、福島事故の加害者なのに、また原発を建てると言ってます。

――えっ、新規で？

小出　そうです。で、どこに建てるかというと青森県の東通村。つまり下北半島の先端に東京電力が作るんです。電気などほとんど使わない村に原発を作り、東北地方を縦断して長い長い送電線を通して東京まで持ってくるという計画です。あまりにも馬鹿げています。いま、電力会社の一番の出費は、送電と変電です。そこにお金を使ってはいけない。電気の地産地消を今こそやらないといけない。

――18年と19年の台風で送電線が倒れて大規模な停電が発生しました。そんなリスクも避けられますよね。

小出　もともと福島原発の事故原因は、発電所が全所停電したからです。地震で送電線が倒れて外部電力を取り込むことができなくなり、原子炉を冷やすことができなくなって、事故につながったのです。

1日170トンの汚染水！

――そうでしたね、発電所なのに電気がなくなった（苦笑）。自分で自分を冷やせない。だから事故後も外から水をかけ続けています。汚染水の量は1日に170トン！　それが敷地内のタンクに溜まり続けています。これ、どうしていけばいいのでしょう？

小出　福島の原発が事故になり、放射性物質を大量に含んだ炉心が熔け落ちてしまいました。で、熔け落ちた炉心が、どこにあるのか？　その場所すら分かっていないのです。もともと原子炉建屋の中、そしてその中の格納容器という放射能を閉じ込める最後の防壁があって、原子炉はその中にあったのですが、原子炉は熔けてしまった。格納容器も多分、熔けているか、損傷している。熔けた本体は格納容器の中にあるのか、そこからも出てしまったのか、よく分からない。

――熔けた本体は、デブリと呼ばれているものですね？

小出　燃料そのものはウランの塊です。そのウランは2800度を超えないと熔けません。熔けたウランが周囲の部材を熔かしながら落ちていってる。グチャグチャになって塊になっている。これをデブリと呼んでいます。

――そのデブリが格納容器を突き抜けているかもしれないし、止まっているかもしれない。

小出　もともと超危険物である原発は、格納容器も密閉構造になっていますし、原子炉建屋も放射線管理区域の境界になっています。つまり外界とは繋がってはいけない、隔離されていなければいけないのです。

――政府は「五重の壁で安全です」と（苦笑）

小出　そう言ってましたね。でも爆発して地上部分はボロボロに壊れてしまった。では地下はどうなのか？　強烈な地震に襲われて、地下もボロボロに壊れている。

——それは原発の土台の部分ですか？

小出　はい。本当は密閉されていなければいけない地下が壊れていて、地下水がドードーと流れ込んでくる。事故直後はその流れ込む地下水が毎日400トン！

——400トンも！

小出　流れ込んできた地下水は、原子炉建屋の中に入った途端に「放射能汚染水」になります。東京電力はとにかくタンクに溜めようとした。一部失敗して、ドードーと流れ去ったのもありますが、なんとか溜めようとしてきて、今は120万トンほど溜めている。

——総量で120万トン！

小出　約1千基ほどのタンクに。でも溜めただけでは汚染水のままなわけで、東京電力は「汚染水に含まれている放射性物質を捕まえよう」と様々な装置を作りました。アルプスという名前を聞いたことがありますか？

——はい。名前だけは。

小出　アルプスなどの装置で、汚染水の中の放射性物質を捕まえるという作業をずっとやってきた。

——セシウムとかストロンチウムとか。

小出　その他62種類の放射性物質をアルプスで捕まえられるんだと、東京電力は豪語していました。そうやって処理した水を東京電力は「処理水」と呼んでいますが、その「処理水」の中にトリチウムという放射性物質が含まれています。別名3重水素。

——普通の水素とは違う？

小出　水素の化学記号はHですが、このHより3倍重たい水素。私たちはTと呼んでいます。このトリチウムは汚染水の中で酸素と結びついて「水」になっています。

――水はH_2Oですが？

小出　一つの酸素に水素HとTがくっついて、HTOになっています。だから性質は「水」なのです。

――分子構造が同じなので、水と同じ性質？

小出　全く同じ性質なのです。化学的には全く水と区別がつかない。だから「水の中から汚染物質を取り除く」という作業を続けていますが、トリチウムは「水そのもの」なので、どんなにキレイにしてもトリチウムは取り除けない。東京電力は「処理水」と呼んでいますが、大量のトリチウムを含んでいます。

――ということは「汚染水」じゃないですか。

小出　トリチウム汚染水、と呼ぶべきです。

――困りましたね。今後も取り除けない。

小出　根本的にやるべきことは、地下水が原子炉建屋の中に入らないようにすればいい。

――そのために「凍土壁」を作ったのでは？

小出　そうです。でも凍らない（苦笑）。地下に壁を作って、建屋の中に入らないようにすると国と東電は言ったのですが、そんなのできっこない。1・5キロに渡って地面全部を凍らせると言ったのですが、地下水の流れは複雑で、どこか一箇所止めれば別のところに流れていくわけです。凍らせやすいところは凍るけれど、凍らせにくいところは凍らないで、結局入ってくる。私は当初から指摘していました。東京電力は「一所懸命頑張って、ずいぶん減らしました。しかし毎日170トン分はどうしようもありません」と言ってるわけです。

——小出さんは当初から鉄板で区切るべきだ、とおっしゃってましたね。

小出　私は2011年の5月に「地下に遮水壁を作らないといけない」と提言しました。鋼鉄とコンクリートの囲いをイメージしていました。

——いち早くそうしておけば、溜まらなかったのに。

小出　ある人は「地下ダム」と言いました。当時、東京電力は「6月に株主総会があって、そんな遮水壁を作ろうとすれば1千億円のコストがかかる。株主総会が乗り越えられない」と（苦笑）。同様な提案は他の人もしていましたが、私の提案も却下されたのです。

——却下したんですか、東京電力。

小出　でも結局どうしようもない。壁を作らなければいけないということで、凍土壁を考えた。考案したのは鹿島建設。そのとき国は「これは研究だ。国が金を出す」と約340億円の金をゼネコンの鹿島建設に支払って凍土壁を作った。でも結局毎日170トンの汚染水がたまり続けるという事態になったのです。敷地には限りがあります。溜め続けることはできません。いつか破綻して、「水を流すしかない」と言ってくるでしょう。

——「海に流したい」と今でも言ってます。薄めるからと。でも流していいのでしょうか？

小出　放射能を無毒化するということは人間にもできないし、自然にもできません。普通のゴミのように自然に出せば自然の力で浄化する、ということはない。なので放射能を環境に流してはいけない。だからこそ私は原子力に反対してきたわけです。特にトリチウムは原子力を動かせば必ず出てくるもので、捕まえようのないものです。

――通常の原子炉の運転でも出てくるらしいですね？

小出 そうです。原子力そのものを止めるしかない。みなさんにぜひ聞いてもらいたいことがあります、福島の事故で熔け落ちた炉心は1号機、2号機、3号機と三つ合わせて200トン分なんです。ウランの塊が。

――200トン、ですか。

小出 トリチウムもその燃料の中に含まれていたのですが、仮に福島原発が事故を起こさなかったとしましょう。ではその放射性物質はどこに行ったのか？

――そうですね、通常運転でも廃棄物が出ますからね。

汚染水を巡る闘いは原子力を止めさせる闘い

小出 日本の場合は全部、青森県六ヶ所村の再処理工場に持っていくという計画だった。その再処理工場は動いてませんが、そういう計画だった。再処理工場では使用済み燃料をドロドロに溶かして、化学操作でプルトニウムという長崎型原爆の材料となった物質を取り出す、という操作をする。それでプルトニウムを取り出した後の燃料はどうなるか？　燃え残りのウランや核分裂生成物という放射性物質の塊などがあるけれど、何とかそれを分離して捕まえる、という計画なんです。しかしトリチウムはどんなことをしても捕まえられない。じゃぁどうするのか？　再処理工場の場合は、全部海へ流します。

――えっ、青森県のキレイな海へ？

小出　その量というのは、1年間に800トン分の燃料。

――えっ、800トンも！　福島でさえ200トンなのに……。

小出　毎年800トン分の燃料を再処理して、その中に含まれていたトリチウムは全部海へ流しますよ、という計画で日本の原子力は成り立っていた。

――もともと海へ流すつもりだった。

小出　今問題になっている200トン分のトリチウムなんて、彼ら原子力マフィアからみれば何ともない（苦笑）のです。

――ひどい話ですね。そこには漁師も農民も生活してるのに。

小出　もし核燃料200トン分から出るトリチウムを流してはいけない、となると再処理工場は動かないのです。だから国も東電も「福島から出る汚染水は何ということもない」「騒ぐほどのことではない」と。

――原子力マフィアの連中には「当たり前」のことなんですね。

小出　ここを一歩でも譲ってしまったら日本の原子力は崩壊してしまう。彼らは絶対に譲らない。福島事故に心を痛めて、反原発で頑張ってきた人々は「タンクを増設して100年間溜めておけ」と要求します。

――トリチウムの半減期は何年ですか？

小出　12・3年なので、半減期の10倍、つまり123年閉じ込めることができれば、1000分の1まで減ります。だから原子力に反対している人たちは100年間閉じ込めろと。では六ヶ所村はどうか？　毎年800トンの燃料を処理するわけですから、一体、どれだけのタンクを作り、何年溜めておかねばならないのか？という話になります。だから今の汚染水を巡る闘いというのは、日本の原子力を止めさせる闘いでもあるのです。

――汚染水を海に流させない闘いが、原発をゼロにする闘いにつながってくるわけですね。

小出　今も福島では連日170トン流れ込んでいます。ですので、まずは凍土壁という馬鹿げたものではなく、きちんとした遮水壁を作って地下水を止める。その上で六ヶ所村はもちろん、全ての原発を止めて、原発ゼロの社会を実現させていくべきですね。

――よくわかりました。ありがとうございました。

選挙は社会のあり方を問う社会運動

宇都宮　健児（弁護士・東京都知事選挙候補者）

基本的課題は、地域の市民運動の足腰の強化

一度も開催されなかったテレビ討論会

――2020年7月の都知事選挙、本当にお疲れ様でした。「都民の生存権がかかった選挙だ」と主張され、「都民一人ひとりのいのちと暮らしを守り抜く！」というスローガンを掲げて大奮闘されたことに感謝しております。結果は84万票余を得たものの残念ながら次点。得票数だけを見れば「小池圧勝」のように見えますが、小池百合子さんは現職の都知事として連日のようにテレビ出演。一方、宇都宮さんをはじめ対立候補はその政策や人柄を打ち出す機会が少なかった。何よりもコロナ禍の中で制約があったのではないですか？

宇都宮健児　そうです。都知事選挙は私自身三度目の立候補だったのですが、12年、14年の過去2回と違って制約された中での選挙でした。例えば12年の選挙では約1万人が集まる大演説会を行うことができましたが、今回は人が集まるとダメなので、時間のみを伝えて場所は秘密に。結果として少人数の集会しか持てませんでした。小池さんは「公務に集中する」と言い、一度も街頭演説をしないまま、ずっとテレビでコロナ対策を訴えていく。テレビの視聴率は1％で100万人が見ていると言われます。東京の有権者は1100万人ですから、私の陣営が仮に1万人の大集会を成功させても、有権者の0・1%。それも集まってくる人は元々の支持者が多いのです。肝心なのは迷っている人、誰がなっても同じと諦めている人が、政策論議や公開討論などを聞いて「やっぱり選挙に行こう」と考えてもらうことなのです。その意味でコロナは現職有利に働きましたね。

——大阪でヤキモキしながら都知事選の行方をウォッチしていました。ネットを見ると宇都宮さんは一所懸命に医療体制の充実や貧困層の救済、小学校の給食無償化や都立大学の授業料半額などを訴えている。一方、選挙直前に『女帝・小池百合子』（石井妙子、文藝春秋）という本がベストセラーになって、この本を読んだ人たちから、「カイロ大学を首席で卒業というのはウソではないか？」「築地・豊洲問題では築地の女将さんたちを平気で裏切る姿に幻滅した」などの声があふれ出ていました。ネットを見る限りでは「案外接戦になるかも」という雰囲気があったのですが。

宇都宮　ネットを使った選挙では善戦していたと思います。私のSNSをフォローする人も急増していました。しかし肝心のテレビでは選挙のことがほとんど報道されません。小池さんは9億円もの東京都のお金を使ってTVコマーシャルに出演している。これでは公平性を欠いた選挙になると思ったので、テレビ討論会を申し入れたのです。

——それは当然ですね。有権者にとってまともな政策論争がないと判断できませんから。

宇都宮　ところが今回は一度もテレビ討論会が開催されなかったのです。

——えっ、一度も？

宇都宮　12年、14年の選挙では4～5回実現しました。例えば14年の選挙ではテレビ局から15～16

回もオファーがあったのですよ。しかし「ある候補」が討論会を嫌がって10回くらい潰れた。選挙後半になって「ある候補」が意外に伸びていないことが分かり、慌てて討論会に応じたので実現しました。

——その「ある候補」ってどなたですか？

宇都宮　主要候補は舛添要一さん、細川護熙さん、田母神俊雄さん、そして私の4人でした。この中の細川さんが出演を嫌がっていたのです。しかし選挙後半になって細川さんが伸び悩んでいるのが明らかに。それで出演に応じられたので実現しました。しかし今回はテレビ局からのオファーさえありません。辛うじて東京青年会議所とChoose Life Projectという団体が企画したネット上の討論会があり、それがユーチューブで流れただけだったのです。

都知事選 TV討論早く
宇都宮陣営が各局申し入れ

緊急会見する海渡選対本部長（中央）、岡田事務局長（右）ら＝23日、東京都新宿区

東京都知事選（7月5日投票）をたたかう日本弁護士連合会元会長の宇都宮けんじ候補の事務所は23日、過去の知事選で複数回行われてきた主要候補によるテレビ討論会が、今回全く実施されていないとして、速やかな実施を求め在京キー局各社に申し入れました。

↓関連③④⑭面

宇都宮事務所で緊急会見した海渡雄一選対本部長は、これまで複数の局から討論会出席の打診を受け、陣営としては全ての依頼に応じる意思を表明したものの、何らかの理由で討論会自体が立ち消えになっていると指摘。「新型コロナウイルス感染症対策でなぜ検査が十分できなかったの

2020都知事選挙では一度もテレビ討論会が開催されなかった（しんぶん赤旗、2020年6月24日）

——テレビは「盛り上がらなかった都知事選挙」などと報道しました

が、盛り上がらなくしたのはあんたらやんか、ということですね。

宇都宮　だから記者会見を開いて各テレビ局に「討論会を開催してほしい」と申し入れました。しかし反応なし。仕方がないので小池さんに公開質問状を送りました。回答が返ってきたらその都度記者会見を行ったのですが、テレビ局は「他の候補とのバランスを欠く」という理由で会見の模様を報道しませんでした。

――現職の小池さんは、コロナで毎日のように記者会見を開き、大々的に報道されていたのに。

宇都宮　ＮＨＫは公共放送ですから、討論会を企画して放送すべきだったと思います。民放はプライベート企業なので会社の勝手じゃないか、という意見もあります。しかし一方でテレビ局は社会的な公器でもあるのです。ここまで選挙を無視するなら、公職選挙法で討論会を義務付けないと、いつまでも「テレビ局のさじ加減」で開催が決まってしまいます。

都民の生存権のかかった選挙！

――コロナ対策もそうですが、東京オリンピックも大きな争点でしたね。

宇都宮　オリンピックの延期が決まったのは3月24日。その翌日から小池さんはコロナ対策を強調し始めます。それまでは感染者数や相談件数が増えていても対応せず、ＰＣＲ検査も全然足りなかった。オリンピックを開催したかったので、東京の実態をＩＯＣ（国際オリンピック委員会）に知らせたくなかったのでしょう。結果として彼女は初動対応で大きなミスをしたと思っています。

――ロックダウン、オーバーシュート、東京アラートなど横文字で目立つ言葉を連発するのは得意ですが。

宇都宮　その東京アラートが解除されたのが6月11日。彼女の出馬表明が翌日の12日。なぜ解除したのか、理由も基準も示さずに出馬表明。その後東京で感染爆発が起きたのはみなさんご存知の通りです。

――アラートを解除したのも自分の選挙のためだったのか、と疑いたくなりますね。

宇都宮　しかし安倍政権のコロナ対応がそれにもましてひどいでしょ？　アベノマスクに「Ｇｏ Ｔｏ」キャンペーン。だから安倍政権に比べるとマシに見えてしまうのです。これは大阪府の吉村洋文知事と同じ構図ですね。

――小池都知事、吉村府知事はテレビに出て「やってる感」を演出するのは得意ですが、肝心の具体的な政策はもっぱら「夜の街」を批判するばかり。

宇都宮　私は5月25日に出馬表明して、まずは三つの緊急政策を発表しました。一つ目はコロナから命を守る医療体制の充実と自粛要請に対する補償の徹底です。何より優先されるのはPCR検査体制の強化と病院や保健所、医療従事者への財政支援だと考えました。都の責任で病床と人工呼吸器、マスクや防護服を確保する。次に大事なのは中小業者や非正規雇用、フリーランスや学生さんへの生活補償です。確かに小池知事も協力金という形で補償したのですが、自粛を要請した業者の3分の1しか行き渡らず、ライブハウスや映画館などが取り残され、廃業に追い込まれたところもありました。所得の少ない非正規労働者やフリーランスが路頭に迷い、ネットカフェから追い出された人やアパートの家賃を払えなくなった人が続出しました。だからこそ今回は「都民の生存権のかかった選挙だ！」と訴えたのです。

――都立・公立病院の充実という政策も打ち出されてましたね。

宇都宮　コロナ感染症患者の受け入れ病床は約70％が都立・公立病院に集中しています。民間病院にそれを求めると一般の外来患者さんが減るので経営が成り立たない。すぐに赤字に転落してしまいます。

――東京女子医大病院では「ボーナスが出ない」と約４００名もの看護師が退職を希望される事態になりましたね。

宇都宮　経営が悪化すればエッセンシャルワーカー（社会に必要不可欠な労働者）である医師や看護師など、自ら危険を冒して働いている人々が劣悪な環境で働かざるを得ない。「医療従事者に感謝しましょう」という雰囲気は作られるものの、肝心の賃金や労働条件は劣悪なままでした。

――そう言えば昼休みにみんなで拍手したり、自衛隊がブルーインパルスを飛ばしたりしてました。フラフラのボクサーに、水も与えず「頑張れ！」と闘わせるようなものですね。

宇都宮　だから東京都が直営の病院を維持するのはとても大切なことなのです。しかし小池知事は19年12月の都議会で「都立病院を独立行政法人にする」と宣言したのです。つまり直営から外す、事実上の民営化方針を打ち出した。しかし年が明けて状況は全く変わりました。都立・公立病院の重要性が誰の目にも明らかになった。さすがにあの宣言は撤回するだろうと思っていたのですが、3月末になっても独立行政法人化は続けると言ってます。都民を痛めつける政治が続行していると言わざるを得ません。

多かった10代、20代の若者の支持

――三番目の緊急政策がカジノの中止ですね。

宇都宮　これは大阪が先行しているのですが、東京もこっそりとカジノ誘致のための調査研究予算を組んでいます。資料を請求して分析すると、江東区の青海地区が有力候補地と判明しました。都の使っていない広大な土地があり、一部はオリンピックで使われる予定ですが、将来的に見ればここだろうと。私は江東区に住んでいますので、区民と一緒に反対運動をしていたのですが、これを東京全体に広げたい。カジノは平たく言えばバクチでしょう？　刑法で禁じられていて「負けた人の犠牲の上に成り立つ商売」です。人の不幸を逆手に取る商売をなぜ行政が進めるのか？　引き続き反対運動を進めていきたいと考えています。

――その他に八つの重要政策がありました。学校給食の完全無償化を一番に挙げてましたね。

宇都宮　子どもの貧困が社会問題になっています。全国にたくさんの子ども食堂ができて、これは民間レベルの取り組みとして評価できると思います。しかし子どもの貧困対策は真っ先に国や自治体が行うべきものです。学校給食を完全無償化している自治体は全国でわずか4・4％。お隣の韓国では70〜80％の自治体が実施しているのに。だから東京がやれば国へのプレッシャーになるでしょう？　他県にも波及していけばいいですしね。

――都立大学の授業料をまずは半額にするっていうのもありましたね。

宇都宮　コロナ禍の中で、学生さんがアルバイトをクビになって5人に1人が退学を考えているという事態になりました。日本では大学の授業料が高すぎます。まずは半額にしてほしい、という

要望が強かった。では都立大学から半額にして将来的には無償化を。これは年間50億円あれば可能です。半額なら25億円で実現する。20年の東京都予算は一般会計と特別会計などを合計すると15兆4522億円。スウェーデンの国家予算とほぼ同じ規模で、向こうは軍事費も含んでいます。つまり一つの国を上回る予算、それもかなり柔軟に使える予算を東京都は持っている。新たな財源はいりません、予算を組み替えるだけで都立大学の授業料無償化はすぐにできるんです。

――知事が変われば、ですね。

宇都宮　学校給食完全無償化も年間400億円あればできます。これは区や市町村が半分出せば都の支出は200億円。15兆円を超える予算があるのですからやりくりすれば捻出できます。こんな訴えが届いたのか、私の支持者には10代、20代の若者が多かった、と聞いています。

――それはすごい！　今まで革新系の候補にはだいたい年配の支持者が多くて、若者はむしろ右傾化していて安倍政権を支持していると言われてきましたからね。アメリカでも左派のバーニー・サンダースを支持したのが学生層でしたね。失礼ですが、サンダースや宇都宮さんの「おじいちゃん世代」を若者が支持するという現象に希望が持てます。

宇都宮　オリンピックに関しても矛盾だらけの都政です。感染拡大が続く中で本当に開催できるのか？　世界的規模でパンデミックが続く中で、もう無理だと判断したほうがいいのではないか。開催か中止かの決定権を持っているのはＩＯＣ（国際オリンピック協会）なので、ここに中止を申し入れる。そして浮いた予算をコロナ対策、貧困対策に回す。そうすれば給食や大学授業料だけでなく、都営住宅の新規建設や家賃補助、災害対策や温暖化対策の充実なども可能になりますね。

――こんな話がなぜテレビでできなかったのでしょう？　真面目な政策論争が公開の場で行われ、それが広く伝わっていれば、結果はかなり違っていたと思います。

宇都宮　公開討論会はテレビ局自身が嫌がったのではないかという見方があります。テレビ局はすでに東京オリンピックに深く関与しています。莫大な広告費が予定されていて視聴率も上がる。オリンピックを予定通りやると訴えたのが小池知事と維新の会から出た小野泰輔候補。私と山本太郎候補は中止を主張。都民の中には「オリンピックは金食い虫」「中止してそのお金をコロナ対策に」という世論が高まっていました。そんな中でテレビ討論会をすれば、オリンピックが中止になってしまう。そんな利権の構図があったのでしょう。

地域の問題になると関心が薄くなる傾向

――いま山本太郎さんの名前が出ました。一部では「小池都政の批判票が割れる」と危惧されましたね。

宇都宮　山本さんとは政策も支持者も重なり合う部分があるので、得票が割れてしまったという面は否めないですね。しかし立候補する権利は誰にでもあります。16年の都知事選挙、私は出馬するつもりで準備をしていたのですが、野党統一候補として鳥越俊太郎さんが出ることになり、苦渋の決断で立候補を断念しました。そんな経験があるからこそ、山本さんに「出るな」とは言えません。ちなみに今回の選挙ポスターやチラシは4年前に準備したものを少し加工して使ったんですよ。

――現職の小池さんに自民党、公明党がついて、さらにテレビがサポートする。その上に「連合」という労働組合までが小池支持に回った。巨大な組織の壁を突き破って勝利するには、今後どうしていけばいいのでしょう?

宇都宮　もっと市民運動が主体性を持つべきです。今回の選挙、5月27日に記者会見を開いて出馬を表明したのですが、この時点で野党との接触は一切ありません。記者から「野党統一候補が出たら、下りるのか?」と聞かれ、「今回は下りません」。その後、私の政策に賛同する立憲民主党、日本共産党、社民党、新社会党、緑の党が次々と支持をしてくださり、結果として野党統一候補になりました。今回は市民運動が中心となって候補を決めて、政党は後から支援する、という形が取れたわけです。

――4年前よりは決定のプロセスが民主的になりましたね。

宇都宮　しかし市民運動の力をもっと大きくしなければ勝てません。例えば東京都議会の定数は127ですが、都民ファースト50名、自民党26名、公明党23名、共産党18名、立憲・民主クラブ5名、その他5名です。立憲と共産を合わせても23名しかいない。さらにいえば東京には23区、26市、5町、8村あるのですが、大半の区長と区議会議員、市長と市議会議員は保守系です。地域に根を張った保守の分厚い壁に比べると、リベラル側の足腰がまだまだ弱いままなのです。これは国政を見ればよくわかります。戦後75年、自民党政治が続いてきましたが、野党が政権を取ったのは2回だけ。93年の細川連立政権と09年の民主党政権ですね。しかしどちらも風が止んだら崩壊した。選挙になれば与党候補はまず都道府県議会や市議会、区議会の議員組織を固めて、あとは業界団体、例えば医師会や農協を回って票を固めていく。そんな自民党の組織票の上に創価学会、公明党の票がプラスされるのです。全国には約2600名の都道府県会議員がいますが、その半分は自民党です。1741ある市町村には約3万人の議員がいますがその7割から8割、約2万人が保守系無所属、つまり自民党系と言われています。だから野党は「風が吹いたときだけ」しか勝てない。

――リベラル側は「基礎体力」で負けている、ということですか。

宇都宮　市民運動を頑張っている方々にありがちなことなのですが、安保法制などの憲法問題や原発問題には敏感に反応し、国会前のデモなどで奮闘されます。しかし自分たちの足元、例えば地元の保育所や特別養護老人ホームがどうなっているのか、学校給食はどうか、病院や保健所はどうあるべきか、など地域の諸問題になると関心が薄くなる傾向があるように感じています。地域の町内会や婦人会、老人会などを束ねているのはどちらかというと保守系の人々なのです。だからそこを変えていかないとダメなんです。

――今回の都知事選挙、終盤に野田佳彦元総理が宇都宮さんの応援に立ちました。私は消費税を引き上げた野田さん、原発再稼働に動いた野田さんの応援を受ければ宇都宮さんの票が減る、と危惧していました。でも敗因はそんな小さなものではない、と？

宇都宮　そうです。野田さんの応援で「ウィングが広がった」と評価される方もおられます。基本的な課題は、地域の市民運動の足腰をもっと強化すること、です。リベラル支持層を固めるだけでは勝てません。今後は保守層、中道層、無党派層にどれだけ食い込めるか。コロナ禍は保守・中道層にも深刻な影響を与えていますから、こうした人々が共感するような運動を作っていく必要があります。

この社会は強そうに見えるが、たいへん脆弱だった

依頼者は私より弱い立場の人

――宇都宮さんは「サラ金問題改善の立役者」と呼ばれています。法外な利息を取り立てられ、途方にくれる方々を救済して来られました。宮部みゆきさんの小説『火車』（新潮社、1992年）のモデルでもあります。なぜサラ金問題に取り組まれたのですか？

宇都宮　私は愛媛県の貧しい漁村の出身で、都会に馴染めず営業が下手でなかなかクライアントがつかなかったんです。それで最初の勤務先法律事務所を首になった後、「仕事ありませんか？」と東京弁護士会に行きました。70年代の終わり頃でしたかね。当時から弁護士会にはサラ金苦で相談にくる人が殺到していました。でもこの業界には乱暴な人が多いでしょ？　しかも相談に来る人はお金を持っていない。だからどの弁護士も依頼を受けず、被害者たちはたらい回しにされていたんですね。弁護士会の職員が困っていたところに、「あっ、そういえば一人ヒマな弁護士がいたな（笑）。彼なら人が良さそうなので引き受けてくれるかもしれませんよ」と。これがサラ金事件を引き受けるキッカケです。

事件を引き受けたものの最初のうちはやり方がわからない。依頼者は10社、ひどい場合は40社、50社のサラ金から借りているんですね。一緒にサラ金の事務所に行き、「私が代理人になったから、本人に取り立てしないで欲しい。何かあれば私に電話してほしい」と一通り業者を回ったんです。すると翌日からバンバン電話がかかってくるんです。「アホ、ボケ、このヤロー、宇都宮はおるか！」

と、なぜか、巻き舌の大阪弁で（笑）。しかし私に電話がかかってくるということは依頼者本人への取り立ては和らいでいるということです。最初の頃の依頼者は手首を切った人、睡眠薬自殺をはかった人など、夜討ち朝駆けで取り立てられていますから、顔は青ざめ、目は充血していて喉仏が突き出ている人が多かった。ところが取り立てにブレーキをかけたので、次に会った時は目の充血は収まり、頬に赤みが増して少し人間らしくなってきている。やりがいを感じましたね。

――でもサラ金業者と正面から対決して、怖くなかったですか？

宇都宮　暴力団の若い衆を連れて、私の事務所に乗り込んで来たサラ金業者がいました。「ここではなんだから」とビルの地下1階の喫茶店へ。人がたくさんいる場所なら滅多なことはしないだろうと考えたのです。すると若い衆が話の途中でドスを見せるんです。私は柔道や剣道はやったことないし、卓球はありますけど、襲われたらどうしようか、と。しかし依頼者は私より弱い立場の人なんですね、だからここで私が引いてしまったら暴力的な取り立てが依頼者に行ってしまう。これは降りるわけにはいかないと腹を固めました。「話し合いにきたのなら応じるが、ケンカするために来たのなら裁判で白黒つけるしかない」と言い席を立って帰ったんですね。こう言ったものの、翌日から付け狙われるのではないか、後ろからブスリと刺されたらどうしよう、と気が気ではありませんでした。

――で、どうなったんですか？

宇都宮　その日から毎日、午前2時から4時まで私の自宅に無言電話がかかって来ました。何日か続いた後、電話の向こうでガチャガチャ言い出した。やはりこの前の業者だ。これはちゃんと裁判をするしかないな、と思いました。債務不存在確認訴訟といって、すでに借りた金は返している。もう借金はないはずだ、と。裁判始めたら無言電話もパタッと止まりました。

——この当時の金利っていくらくらいだったのですか？

宇都宮　だいたい100%前後です。依頼者たちは不法で不当な高金利を取るサラ金業界に苦しめられていた。裁判をすることでグレーゾーン金利を撤廃しようという世論が高まり、今では高くても18%くらいになりましたね。

武富士のスラップ裁判に勝利

——当時のサラ金最大手は武富士でした。宇都宮さんは2003年に結成された「武富士対策連絡会議」の代表になられています。武富士と宇都宮さんたちの間で何があったんですか？

宇都宮　2000年の初め頃から武富士に関する批判記事を書くと、逆に武富士が名誉毀損だと高額な賠償請求を求めてきたのです。例えば「週刊金曜日」に記事を書いたフリーの記者に1億円、「週刊プレイボーイ」に記事を書いた記者には2億円。「週刊プレイボーイ」には記事が2回掲載されたので1回1億円ですね。メディアだけではありません。『武富士の闇を暴く』（2003年）という本を書いた弁護士たちにも5500万円。こんな巨額訴訟を乱発してきたんです。

——これは「スラップ裁判」と呼ばれていて、強い立場の企業が弱い立場の個人を巨額の訴訟で黙らせるという、アメリカでは禁じられている訴訟ですよね。

宇都宮　当時の日本にはそんな言葉もありませんでした。しかし「これは言論抑圧だ」と、被告になった人たちが連帯して立ち向かおうということになり、「武富士対策連絡会議」ができて私がその代表になったんです。そして対策を検討していた同じ時期に偶然、武富士の中に盗聴している部署があるんですが……。

――えっ、武富士って盗聴してたんですか？

宇都宮　最初は会社内部の幹部を盗聴していたようなのですが、だんだん批判的な記事を書くジャーナリストを盗聴するようになり、フリージャーナリストの山岡俊介さんの自宅に盗聴器を仕掛けるようになったんです。会社内部から対外的な盗聴へと「進化」していったんですね。武井保雄会長（当時）は盗聴を否認していたのですが、盗聴を担当していた直属の部下である課長さんが退社する際に内部書類を持ち出して、それが右翼団体に流れたんです。それで右翼団体が騒ぎ出して、課長が書類の「業務上横領」で逮捕されます。その取り調べの中で「耳の件」の存在が明らかになっていくのです。

――「耳の件」。つまり盗聴は武井会長とその課長の間で極秘に行なっていた、と。

宇都宮　暗号が「耳の件」。会長室で2人が盗聴テープを聴いていた、という証言です。一般社員はまさか会社が盗聴しているなんて知らなかったでしょう。しかし実行犯である課長が逮捕された。その刑事裁判を担当した弁護士が私の知り合いで、「宇都宮さん、テープあるよ」と。

――証拠品のテープが残っていた！

宇都宮　2人でテープを聴いた後、武井会長は「破棄しておけ！」と命令していたのですが、課長も自分の身の安全を考えたのでしょうね、捨てずに銀行の貸金庫に隠していたんです。貸金庫の鍵を手に入れることができて、開けてみると71本の盗聴テープが出てきたんです。

——71本も！

宇都宮　このテープが出てきたので武井会長を東京地検特捜部に刑事告発することができました。武井会長が逮捕されて有罪になったので、同時に行われていた「スラップ裁判」も武富士側が訴えを取り下げたり、私たちの反訴請求を認めて、私たちの全面勝訴になりました。

——逆に被告であったジャーナリストや弁護士たちが「不当に裁判を仕掛けられた」と賠償請求し、武富士側が賠償金を支払ったという結末ですね。

宇都宮　高額な名誉毀損の裁判、今で言う「スラップ裁判」の武富士側の代理人弁護士は弘中惇一郎さん。「無罪請負人」として有名な方ですが、私は彼との裁判で負けたことがないんですよ。

サラ金側に立っていた吉村洋文大阪府知事

——一連の裁判では、武富士側の弁護士の一人に現在の吉村洋文大阪府知事もいたんですね。

宇都宮　報道でそう聞いていますが当時の印象は薄いので、覚えていないのです。弘中さんが前面に出た裁判でしたから。

——サラ金最大手の武富士が脅迫してきた時に、被害者であるジャーナリストや出版社側に立ったのが宇都宮さんで、サラ金側に立っていたのが吉村知事。どちらが都民や府民の味方なのか、こんなにわかりやすい構図はないです。カイロ大学を首席で卒業という怪しい話を自慢してきた人や高い金利で暴利を貪ってきた盗聴企業の弁護をしていた人が東京・大阪の知事に当選している、ということこそが日本の不幸です。

宇都宮　弁護士は依頼があればどちらかの側に付くものです。しかし違法行為はやめさせないとダメ。それが弁護士の仕事ですから。その意味では武富士側についた弁護士たちには倫理的、道義的な責任を感じてほしいですね。業界のトップを走っていた武富士が断罪されたので、その後のグレーゾーン金利撤廃の声が高まって、その後の法改正につながりました。

――そう言えば吉村知事の師匠というべき橋下徹弁護士もサラ金業界の代理人でしたね。

宇都宮　今はアイフルの子会社になった商工ローン会社の代理人をされてました。一度、やしきたかじんさんの番組で共演した時にその話をしたら「今は顧問弁護士を降りています」と言ってました。

安倍さんや維新の会はまだ経済効率性を重視

――大阪維新の会をどのようにご覧になってますか？

宇都宮　なぜ大阪であれほど強いのか不思議です。いまでは吉村知事は小池さんより人気があるようですね。今回の選挙でも維新の会から出馬した小野泰輔候補の選挙ポスターに吉村知事の顔写真が。なぜ支持者が増えたのか、関心がありますね。

――東京でオリンピック、大阪で万博＆カジノと、テレビ局自身が「お祭り騒ぎで稼ぐ」方針なので、小池さん、吉村さんを宣伝しているからではないでしょうか？　視聴率1％で100万人という話が前半でも出ましたが、「小池圧勝」と同じ構図が「吉村人気」にもあるのではないでしょうか？

宇都宮　共通しているかもしれません。今回の都知事選では「社会のあり方が問われている」と訴えました。私は長い間グレーゾーン金利撤廃の運動や違法な取り立てをやめさせる闘いをしてきました。金利は低くなったけれど、貧困問題そのものは解決していない。むしろ格差が広がって貧困層は増えている。だから07年に「反貧困ネットワーク」を作ったんです。その翌年、リーマンショックが起きて大量の派遣労働者が首を切られ、寮や社宅を追い出されました。だから08年末には「年越し派遣村」を立ち上げ、この運動を通じて日本経済のいびつさを感じました。つまりこの国は経済の効率性だけを追い求めて、病院や保健所すらリストラしてきた。国民の命より経済効率の方を大事にしてきたのです。そしてコロナがやってきた。この社会は一見すると強そうに見えますが、実はたいへん脆弱だった。

——しかし安倍さんや維新の会はまだ経済効率性を重視しています。小池さんも東京オリンピック後の不況対策として、カジノを考えています。負けた人の不幸の上に立って、どれだけ自殺者が増えようが、一家離散する家族が出ようが、「そんなの関係ねぇ」と。

宇都宮　国や自治体の仕事は国民、市民の命や暮らしを守ることですよね。その点でいえば私の応援に立ってくれた立憲民主党や日本共産党の方々が「小さな政府は間違いだった」「新自由主義を乗り越えよう」と訴えていたのが印象的でした。

——今後の抱負を聞かせてください。

宇都宮　残念ながら今回も次点でしたが、14年から続けている都政監視と改革を求める運動を継続していこうと思います。もちろん知事になって改革を進めることができれば一番いいのですが、選挙は一種の社会運動だと考えています。都知事選挙で掲げた私たちの政策課題を実現していくためには選挙後も運動を続けなくてはいけない。特にコロナ禍の中だからこそ反貧困の市民運動は大事です。市民運動の仲間の皆さんとともに運動を継続する。それが候補者としての使命だと思っています。

――どうもありがとうございました。

第2章

カジノと万博、維新と吉本興業

《レポート①》

官邸と維新・吉本・マスコミの「利権の構造」の実態

吉本にとってはオイシイ話

写真1　大阪城公園がテーマパーク化。派手な周回列車が走るが来客は少なかった

写真2　クールジャパン（かっこいい日本）を目指して劇場が建てられたが、外国人は来なくなった

2020年9月6日、私はJR大阪環状線大阪城公園駅に降り立った。スロープを下るとそこは大阪城公園の散歩道。休日なので親子連れが目立つ。しばらく来ないうちに公園がテーマパーク化していて、赤や青の周遊列車が通り過ぎていく（写真1）

散歩道の両サイドには高い樹木が生い茂り、猛暑を和らげてくれる。そんな「都会のオアシス」を500メー

トルほど進むと、大きな建物が現れる（写真2）。白い壁には「クールジャパン・パークオオサカ」

看板の説明書きには「COOL JAPAN PARK OSAKAは様々なジャンルのエンタテイメントの上演に対応する最新鋭の設備環境を整えた大・中・小のキャパシティの異なる3劇場。世界に通ずるエンタテインメントの発信をテーマに世界的な観光都市・エンタテインメントシティ大阪の魅力の向上と関西全域の経済・産業の成長に貢献をするべく、皆様に愛される施設運営を目指してまいります」

なんやこれ？　分かりにくい文章やな。エンタテインメントが3回も出てくるやないか（笑）。「クール」は英語でかっこいい。ようするに「かっこいい日本」を外国人観光客に紹介する劇場ってこと。この「クールジャパン・パークオオサカ」は、読売、朝日、毎日、関テレなど在阪のテレビ局と吉本興業の子会社。建設資金を融資したのが「クールジャパン機構」で、これが政府と民間の共同出資。原資はNTTやJT（日本たばこ産業）の株を運用して得た利益だ。なので最大株主は麻生太郎財務大臣になる。つまり税金の一部を使って劇場を建てたわけだ。コロナ後、大阪のインバウンドは激減した。長ったらしい説明文の看板に「よしもとお笑いライブin森ノ宮」のチラシが貼り付けてある（写真3）

写真3　普段は吉本が使用しているようだ

写真4　ほとんど客のいない劇場玄関には豪華な大阪城の映像が流れていた。金かかってるなー

劇場の中に入る。入り口に巨大なスクリーンがあって劇場内部からの笑い声が響く中、玄関ホールには桜の中の大阪城、夏の花火などの映像が流れている（写真4）。えらい金かかってるなー。でもインバウンドいないなー。もし外国人が来ても「よしもとお笑いライブ」は理解できひんやろなー。全然クールやないなー（笑）

そう、この税金で建てた劇場を実際に利用しているのは吉本興業なのだ。吉本はかつて京橋に劇場を持っていたが、今は撤退している。普段でも劇場経営は難しい。そこにコロナが襲ってきた。中小ライブハウスや映画館は塗炭の苦しみ、廃業を余儀なくされたところも多数。しかしここは「クールジャパン機構」が税金で建ててあげた劇場、倒産の心配はない。吉本にとってはオイシイ話じゃないか。

安倍政権の広告塔

実はこの「クールジャパン機構」、これ以外にも吉本興業への出資を繰り返している。例えばYDクリエイション。これは吉本（Y）と電通（D）の共同子会社で、そこに50億円が出資されている。一体何のために？　それは、海外で映像コンテンツを作る人たちへの出資。アニメや映画などのクリエ

イターを外国で発掘し、その才能を伸ばそうというもの。しかし外国のクリエイターや団体に出資するのであれば、直接「クールジャパン機構」がやればいい。なんで吉本と電通を介するのか？　もしその映画がヒットすれば、あるいはその才能を囲い込めれば、吉本と電通にとってはかなりオイシイ。ＹとＤにとっては、公金を使った「負けても損しない投資」ではないか。

さらにビックリなのが教育コンテンツを配信する「ラフ＆ピースマザー、パワードバイＮＴＴ」。吉本とＮＴＴが沖縄に設立。この新会社に１００億円が出資されている。何をするのかというと例えばスマホで勉強ができるソフトを作る。セミやトンボにスマホを近づけると、画面に「これはアブラゼミ。夏になるとウルサイよ」（笑）などという説明が出てくるらしい。なぜこれが必要なのか、なぜ沖縄に作ったのか、なぜこの会社に公金が融資されるのか。その答えは吉本、維新、アベ官邸の癒着にある。

２０１９年4月、安倍首相が吉本新喜劇に出演した。なんで？

表向きは「大阪でのG20開催を前にして協力を呼びかけるため」。しかし日本でのサミットやＡＰＥＣなどの国際会議は過

写真5　この写真には写っていないが、両サイドに強面のSPが立っている（ANNニュース、2019年4月20日）

写真6　なんと吉村知事までが新喜劇に出演。全然笑えんぞ！（オリコンニュース、2020年8月27日）

去に何度も開催されたが、その際に歴代首相が吉本新喜劇に出たことはなかった。新喜劇に安倍が登場すると、会場からは「えーっ」というどよめき。「ほんまに本物？」という声が上がる中、次第に拍手に変わっていったという（写真5）。客席から「アベ帰れ！」「金返せ！」というヤジが出なかったのが残念（苦笑）。というのは舞台の両サイドに強面のＳＰが立っていたからだ。いわば「威圧された中でのお笑い」だった。この模様はその日のテレビニュースで報道されＳＮＳで拡散し、安倍の好感度が上がった。

吉本新喜劇は結果として「安倍政権の広告塔」になった。

吉本の大崎洋会長は、沖縄・普天間基地跡地利用懇談会のメンバーに選ばれている。なぜ吉本が？その答えがカジノ。世界一危険な普天間基地が辺野古に移転されると、その跡地にカジノを含むＩＲ施設を作ろうという目論見があった。中国のオンラインカジノ業者「５００ドットコム」は利権の匂いを嗅ぎつけ、沖縄にやってきて秋元司（自民を離党、現在東京地検が拘束中）、下地幹郎（当時維新）議員などにワイロを送ったのだ。沖縄のこの計画は、翁長雄志知事（故人）が当選したので頓挫する。沖縄をあきらめた「カジノ亡者たち」は北海道ルスツ村に触手を伸ばした。逮捕中の秋元司容疑者は「俺は300万円しかもらっていない。2000万円もらったヤツもいるのに、何で俺だけが逮捕されるんだ」と「抗議」しているらしい（苦笑）。では2000万円もらったヤツは誰？　そういえば横浜が突然カジノ誘致に乗り出した。横浜の林文子市長は、選挙中は「カジノは白紙」と言って当選したのに、見事な手のひら返しだ。菅義偉の地盤は横浜だったな。

キーワードはCMに騙されないこと

整理する。アベ官邸、維新、吉本がなぜつながっているのか。それはズバリ「カジノ利権」。IR（統合型リゾート施設）とはカジノを含む様々なレジャー施設の集合体だ。カジノ（賭場）以外にもオシャレなホテルや会議場、そして劇場や映画館が建設される。この劇場の運営を吉本が一手に引き受けるとしたら……。

深夜テレビにパチンコ店のCMが流れる。かつてはタバコやサラ金のCMも規制されていた。当初は「そんな広告を流していいの？」という意見があったが、次第に既成事実化が進み、今では当然のように大量に流されている。テレビ界はネットに押され、さらにコロナでかつてない苦境に陥っている。「広告がほしい」。コロナ後はカジノ業者のCM、創価学会のCM、原発再稼働のCMなどに依存するようになるだろう。維新が強引に進める都構想の住民投票、これにも大量のCM広告費が費消される。少なくない吉本の芸人さんたちが、会社の意向を忖度して「吉村知事、カッコええわ」「反対ばっかり言わんと都構想、一回やってみたらええねん」。ワイドショーでこんなことを何度も発言するのだろう。いったん大阪市が解体されると、もう元には戻らないのに。

結論を述べる。菅政権になってもアベ政治が継続される。この国の支配者が安倍・麻生の「ボンボン・バカボンコンビ」から、二階・菅の「悪らつ、陰険コンビ」に変わるだけだ。

つまり官邸と維新、吉本、マスコミの「利権の構造」はそのまま。キーワードはCMに騙されないこと。「原発は安全です」「未来のエネルギー」というCMに騙され続けた愚を繰り返してはならない。一瞬の熱に浮かれず、冷静に判断できる有権者を増やす。総選挙の行方は、ここにかかっている。

《レポート②》

私の予想～万博後、カジノの来ない夢洲は「負の遺産」に

大阪湾に浮かぶ夢洲は、一般ごみや河川のしゅんせつ土砂で埋め立てられた人工島である。

２０２５年の大阪万博はこの島で開催され、その後カジノが誘致される予定だ。だから「夢洲の名前は聞いたことがある」という人は多いものの、実際に「夢洲に行った」という人は圧倒的に少ない。なぜか？

夢洲には人が住んでおらず、そこに行く用事があるのは貨物船からのコンテナを運ぶ大型トラック運転手くらいで娯楽施設は皆無、生活施設はコンビニが1軒あるだけ。

もし万博がもう一度同じ場所、吹田市の万博記念公園で開催され、その隣にカジノができるとしよう。そうなれば大規模な反対運動が起きるのは必至。なぜならそこには「人が住んでいる」から。国道などのメインストリートや駅前広場などに「カジノ＝トバク場建設反対」「万博よりコロナ失業者を支援せよ」「吉村＆松井ヤメロ」などの看板が林立し、大阪維新の人気は急速にしぼむだろう。維新にとって夢洲は絶好の場所なのだ。反対運動は起きにくいし、何が起きているかを隠しやすい。もちろん「埋め立て工事を進めるゼネコン」から金と票をもらえるし、万博の特番やカジノ業者、埋め立てゼネコンからのＣＭを期待するテレビ局幹部は維新を持ち上げてくれる。ではその夢洲とは一体どんなところなのか？　大阪市から許可証をゲットし、二度に渡って現地調査を行った。

お祭り騒ぎをしている場合ではない

まずは1～4区に分かれた夢洲の埋め立て工事計画図と、19年12月に発表された「大阪IR基本構想」に掲載された夢洲の航空写真を見てみよう（写真1、2）

計画では万博は第2区で開催され、カジノは第3区に建てられる。航空写真から見て取れるのは「万博予定地の第2区はまだ池」ということ。ゴミやしゅんせつ土砂を待っていては埋め立てが間に合わない。慌てた大阪市は万博開催が決定した2018年に約136億円の予算を組んで「わざわざ土を買って埋め立てる」ことにした。百歩も千歩も1万歩も譲って、当時は「万博成功のために税金を使うのはやむを得なかった」と納得したとしよう。しかしそれは「コロナ前」のこと。消費不況の上にコロナが世界を、日本を、大阪を襲っているのである。倒産、廃業、失業が急増し、「もうお祭り騒ぎをしている場合ではない」のだ。夢洲の

写真1　万博予定地はまだ池。土を買って埋め立て中

事業位置（2）

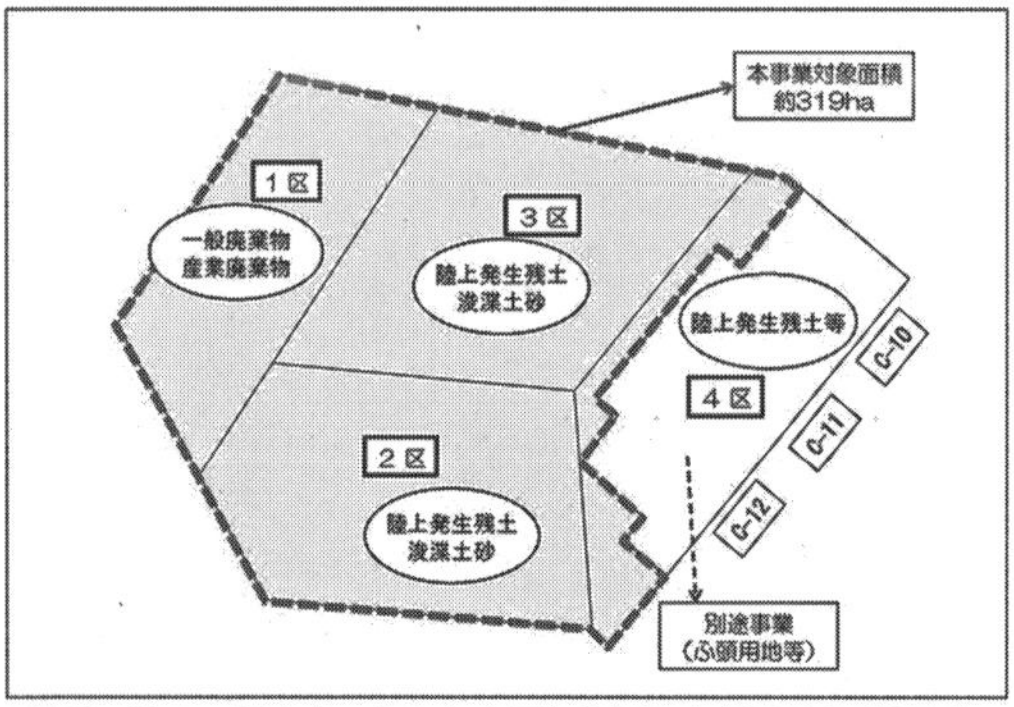

写真2　込みで埋め立てられた１区から汚染水が2区（万博予定地）に流れ込んでいる

埋め立ても地下鉄延伸工事もすぐにストップし、その予算を病院や保健所、市民の生活救済に回すべきだ。

しかし、残念ながらこの国では「いったん決まった公共工事」を中止に追い込むのは極めて困難で、埋め立て工事が今も続いている。その実情を探るため、19年9月8日、その1年後の20年9月6日、二度に渡って夢洲の工事現場に入った。

「大阪市の港湾局、許可証を出すのを嫌がるのよ。去年はすんなり許可したのに」。大阪市民ネットワーク代表の藤永のぶ代さんが憤る。曰わく「危険だ。何か飛んで来たら危ない」「せめてヘルメットをかぶってほしい」……。構造物も何もない埋め立て地である。何も飛んで来ないし、夢洲に飛来するシロサギやコアジサシなどの野鳥観察者はヘルメットをかぶっていない。おそらく私たちが「今の夢洲」を撮影し、その写真を拡散するのが気に食わないのだろう。不毛なやりとりの後、ようやく許可証が出た。

大阪南港（咲洲）から夢咲トンネル（写真3）を抜けるとそこは夢洲だ。「工

写真3　夢洲に行くにはこのトンネルか橋しかない

写真4　埋め立て工事区域に入るには許可証が必要

事区域入り口・大阪市」という小さな看板があって（写真4）、隣接するプレハブ小屋が警備員の詰所。警備員に許可証を見せて、埋め立て工事区域に入る。第2区と第3区を仕分けるように道路が通っている（写真5）。万博開催時にはここまで地下鉄が延伸されて「大阪メトロ夢洲駅（仮称）」がここにできる予定（写真6）

写真5　この辺りに「夢洲新駅」がつくられる予定

写真6　さすがに高層ビルはあきらめたそうだが…

夢洲へのアクセスは車でトンネルを抜けるか橋を渡るしかない。だから万博&カジノのためには地下鉄延伸が必須。でも万博が終われば人は来ない。おそらく来ない。後述するがカジノも夢洲新駅および駅前ビルは「巨大な負の遺産」になるだろう。

「健康と長寿」の万博に「ダイオキシンの湯」？

「すごいなー。池が埋まってる」。急ピッチで埋め立て工事を進めた結果、道路の左側、万博予定地はほぼ更地になっている。対照的に右側のカジノ予定地は草ぼうぼうの荒れ

写真7　右がカジノ、左が万博予定地

写真8　カジノ側の埋め立ては進んでいない

写真9　19年の視察時にはセメント工場があった

写真10　20年には工場はなかった。地盤沈下が防げたのか？

地状態。そしてまだ埋め立てはこれから（写真7、8）

これはどういうことだろう？　コロナでカジノ業者は大赤字を出した。ルーレットやバカラなどの賭場こそ、三密状態なので業界は大打撃を受けていたのだ。大阪に来るはずだったラズベガス・サンズは「浮気をして横浜」へ。しかしコロナでその横浜からも撤退することになった。そもそもカジノ業者にとって大阪進出の条件は「コスモスクエア駅から夢洲新駅への地下鉄延伸工事２００億円を提供すること」だった。赤字の業者がさらに２００億円も出して大阪へくるだろうか？　「もうカジノは無理だ。とりあえず万博を急ごう」ということではないのか？

埋め立て地に敷かれた道路をさらに進む。19年にセメント工場があった場所が更地になっている（写真9、10）。なぜここにセメント工場

写真11　19年の視察時。重機が自重で沈んでいる

写真12　セメント効果があったのか、その重機の全容が明らかに

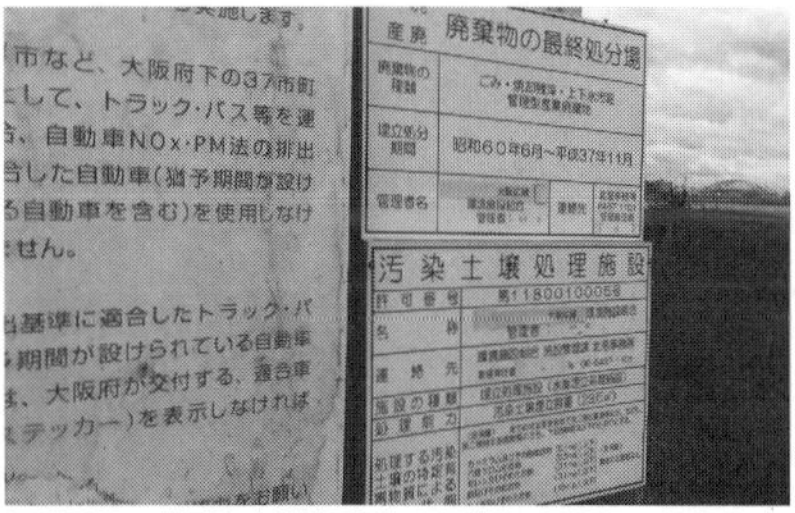

写真13　「汚染土壌処理」の看板にPCB、カドミウム、六価クロムなどの文字

写真14　巨大なパイプが通っている。1区の汚染水を２区に流すためのものか？

が？　それは土砂だけでは地盤が沈んでいくから、セメントを混ぜて地盤が沈まないように埋め立てていたからだ。19年の視察時には大型重機がその車体の半分を地面にめり込ませていたが、20年には車体が完全に姿を現している（写真11、12）。この1年間でほぼ埋め立て工事が終了し、セメント工場はこの地から去っていった。

道路はここから左にカーブし、第1区と第2区を隔てることになる。第1区は一般ごみで埋め立てられた場所。白い砂から黒い煙突が突き出している。これはゴミから出るメタンガスを排出するためのもの。地中にはカドミウム、六価クロム、ダイオキシン、ＰＣＢなど「汚染物質のオールスター」というべきものが埋まっている（写真13）。

巨大なパイプが通っている（写真14）。

写真15　パイプの排出口

写真16　排出口のそばの一斗缶

写真17　一斗缶は「流出油処理剤」だった

写真18　汚染水の流出さきは「ウオーターワールド」になる予定だ

これは1区に溜まった汚染水を2区の池に流すためのものだろう。パイプの排出口が2区の池に突き出ている（写真15）。そしてそこには薬剤の入った一斗缶が並ぶ。これは流出油処理剤（写真16、17）。この池に流れ込む第1区からの水に油が含まれているので、これで「ろ過」しようというのだろう。何しろこの「2区の池」は万博の計画では「ウオーターワールド」になるのだ（写真18）。25年万博のテーマは「いのち輝く未来社会のデザイン」。「ウオーターワールド」からの噴水は「命輝く水」（苦笑）のはずだ。しかしその水の正体は……。

「えっ、何やこれ！　ブクブクと泡が……」。何と得体の知れぬ濁った水が地中から湧き出してくるではないか（写真19）。別府温泉に「地獄の湯」というのがあるが、ここは人工の汚染水が湧き出す「ダイオキシンの湯」ではないか。繰り返すが、この水が万博期間中の「ウォーターワールド」を構成する。万博のテーマは「いのち輝く未来社会のデザイン」。こんな実態を知られたくないので、大阪市は許可証を出したがらないのかも知れない。

私が勝手に命名した「ダイオキシンの湯」から出た水が２区の池に流れこむ。そして池からの水がろ過装置を通過して（写真20）大阪湾に注ぎ込んでいる。繰り返すが夢洲には人は住んでいない。そしてこの場所に立ち入るには許可が必要。万博だ、カジノだ、と派手なアドバルーンが上がる中で、ゴミや産廃、しゅんせつ土砂で粛々と埋め立てが続く。現地を視察したものとしての素朴な感想だ。

ホンマにここで万博を開催してもエエの？

写真19　間欠泉のように汚染水が噴き出す「ダイオキシンの湯」

写真20　「ウォーターワールド」の水はこの浄化装置を通って大阪湾に注ぐ

万博終了後を予測すると……

最後に今後予想される事態について述べる。この予想が当たらないことを祈る。

２０２５年５月、派手な開会式で花火が上がり、テープが切られる。ワッと入場者が押しかけアメリカ館、中国館など人気のパビリオンは２時間待ち。万博は好スタートを切ったかのように見えた。9月、大型で強い勢力を保ったまま台風20号が大阪湾を直撃した。夢洲へのルートはトンネルと橋。どちらも通行不能になった。入場者は「陸の孤島」に取り残される。風速70メートルの風が吹き荒れる。テントは飛び、パビリオンが崩れる。閉会後は取り外されるパビリオンは仮設で、急ピッチで建てられたものだ。「陸の孤島」に取り残された入場者に死亡者が出た。入院する人も多数。のちにこれは「主催者の危機管理能力の欠如」として各国から訴訟されることになる。11月、散々な目にあいながら万博が終了。しかしカジノは来ない。コロナ後は主力がオンラインカジノになり業者が撤退したからだ。人の住んでいない夢洲に地下鉄だけがやって来る。「夢洲新駅」も隣接するホテルもゴースト化が進む。

万博終了から10年が経った2035年の夏の日。

「ママ、噴水のところにお魚がいるよ」。かつての「ウォーターワールド」で水浴びをする親子。大阪都構想で巨額の予算を使った大阪府は、この年の春から浄化装置のメンテナンスを怠っていた。ゴミで埋まった第1区からの水は、まだ「ウォーターワールド」に流れ込んでいる。

第3章

維新と大阪都構想にＮＯ！

大阪からウソがまかり通る政治を変える

平松　邦夫（元大阪市長・元毎日放送アナウンサー）

大阪都構想は「毒まんじゅう」

名もなき庶民が勝った2015年

――元毎日放送のアナウンサーで元大阪市長の平松邦夫さんは、一貫して大阪都構想に反対し、維新の会を批判されています。まず最初にお聞きします。大阪都構想っていったい何なんですか？

平松邦夫　「毒まんじゅう」です（笑）。食べたらあきまへん。都にもならないのに都構想。2015年の住民投票では反対派が勝ったのにまた住民投票するって、どういうこと？　維新のやり方はホンマに「勝つまでジャンケン」で卑怯です。

――そう言えば、15年の住民投票で決着済みでしたね。二度もやらんでええのに。

平松　あの時わずか10741票差で反対票が上回ったんです。

――そうでした、テレビの前でバンザーイ！してました（笑）

平松　投票率が約66％で、大阪市民の3分の1が賛成、3分の1が反対、3分の1が棄権だった。

――66％って、投票率はかなり高かったんですね？　普通の選挙では40％くらいなのに。

平松　わずかの差でしたが決着したので、もう住民投票は二度とないやろ、と思っていました。だって、橋下さんは敗戦の記者会見で「政界を引退します」と。

――そうでした。僕の政治生命は終わりましたって言ってました。

平松　ところが、そのあとの首長選挙で吉村洋文市長、松井一郎知事が当選し、府会・市会議員も、維新の人が増えてしまった。で、もう一度チャンスがほしいと。

――前回の住民投票の時に、橋下さんは宣伝カーの上から「これがラストチャンスです！」と叫んでましたよね。

平松　言うてました。言うてました。ようけお金かけて、宣伝車走らせて。われわれ反対派はお金がないので「あそこのコンビニにコピー機あるやろ！」とチラシをコピーして配ったり、自主的に手書きのポスターを作って駅前に立つ人がいたり、そんな名もなき庶民がいっぱいいたから、辛うじて勝てたんですよ。

――この住民投票というのは公職選挙法が適用されないので、テレビＣＭもばんばん流せるし、個別訪問や拡声器を使った宣伝などが投票日までできるんですね？

平松　準用ですから、ある程度の縛りはあるけれど、公職選挙法のような厳しい規制はなかったんです。

――カニやメロンも配れるし、香典も持っていける（笑）

平松　それはあきません（笑）。でもお金を持っている側が、ある程度の自由度で選挙に使っていたのは事実です。例えば「このチラシ１００万枚印刷したから配っておいて」ということが出来たんです。

ヤツらは「脱法コンビ」

――橋下さんらはこの住民投票で約4億円を使ったんじゃないか、とも言われています。大阪の方なら覚えておられると思いますが、橋下さんがテレビCMにばんばん出てましたから。

平松　テレビだけでなくインターネットの画面にも、見たくもないCM（笑）が上がってました。そんな中でよく反対が上回ったな、と思います。あれから5年が経過して、何が起きたかというと、松井知事が市長、吉村市長が知事にスワップして出馬するというクロス選挙になったんです。なおかつ、府議会・市議会議員選挙と同時で行われたので、メディアの注目を一身に集めた維新が、圧倒的な勝利を納めた。19年4月のことでした。

――例えば知事が在職3年目に辞職して、再出馬して当選しても残りの任期は1年。でもこの場合はスワップしてるから、当選後の任期は丸4年追加されてしまう。

平松　その通りです。なのであの2人は4年という時間を稼いだ。

――これ、ズルくないですか？　そもそも現職は選挙で強い立場にある上に、辞める時期を勝手に決めて選挙に打って出られる。相手陣営は準備期間も整わないまま、突然の選挙に対応せざるを得ない。だから、3年で辞職して当選しても残りは1年と法律は定めている。だってこの方法でまた4年もらえたら、かなりの知事は同じことしますよ。まさか、知事と市長が示し合わせてクロスで出るなんて「法の想定外」で当選。ヤツらは「脱法コンビ」ですよ。

平松　ズルいとか法の想定外とか、そんなことを平然とやれる人たちなんですよ。でもね、ズルいとか言い始めると、今の日本でズルいことやってる人、どんだけおりまんねん！っていう話ですよね。

――税金の中抜きするヤツ、「案里よろしく」って金配るヤツ（笑）

平松　ウソついても平気。もしかしたらウソをついている間に自分でこれはホンマやと信じ込んでしまうような、例えば安倍さんとかね（笑）。メディアも批判しないし、政治家の言い分だけが垂れ流されていく。「以前はこう言ってましたよ」と突っ込むメディアがほぼ皆無でしょ？　人間って弱いもので、第三者から突っ込まれないと、ウソをついている間に記憶が曖昧になり、俺は間違っていない、と信じ込んでしまうことができるのではないか？

――確かにアベさんはずっと同じ「責任を痛感しております。今後は真摯に取り組んでまいりたい」ですね（笑）

平松　あの人、何回痛感してるの？（笑）

――橋下さんの著書に『まっとう勝負』（小学館、２００６年）という本があるのですが、その中で「ウソをつけないヤツは政治家と弁護士になれないよ」というくだりがあって、結論として「ウソつきは政治家のはじまりなの」と締めくくっておられます（笑）、タレント時代に。

平松　彼の最近の著作『政権奪取論』（朝日新聞出版、２０１８年）では「ウソを平気で言える政治家は安倍首相だ」と褒め称えている（笑）

――実際は逆で、安倍さんが橋下さんの方法を学んで身につけたと思います。やしきたかじんの番組でよく共演してたから。

メディアを叩いて委縮させ

平松　そこは橋下さんの奥ゆかしいところ（笑）で、まずは安倍さんを褒めてるんです。でもね、こんなことを許してしまったのは日本のメディアの体たらくと、そんなメディアを徹底的に叩いて萎縮させた橋下さんの手法があった。個人名を挙げ、会社名を挙げ、なおかつテレビも営業があるから、営業担当が困るような、締め付けがくるような言い方をする。だから西谷さんの「路上のラジオ」のようなタブーなし、フリーな言論空間があってしかるべきだと思いますね。

――15年の住民投票の時、橋下さんは各地で「都構想の住民説明会」を開催した。この時彼は「みなさん、毎日新聞を取ってますか？　やめた方がいいですよ」などと名指しで批判してましたし、卒業式での君が代斉唱問題を追及した毎日放送の記者に「お前とこの放送局、社歌があるのか？」と逆ギレしてました。毎日系を敵視してましたね。そういえば平松さんも元毎日放送（笑）。でも実名を挙げて、個人や会社を吊るし上るような政治家って、今までいなかったでしょ？

平松　それが成功してしまったんです。だから安倍さんも菅さんも真似してる。

――続いて現れたトランプさんも同じやり方。これ、世界中に広がってますよ。

平松　背景に新自由主義、金融資本主義があって、今が良ければそれでいい、今だけ、金だけ、自分だけの世界。

――金儲けのため、自分のためにはウソをついてもいいんだと。

平松　この考え方を乗り越えるには時間がかかる。振り返れば60～70年代、高度経済成長と言われていた時に金融資本が成長して、物作りの日本と言われていたのに工場をどんどん海外に出した。

――農業も切り捨てられていきました。

平松　安い賃金で雇えたら、安く作れるやないか、と。

――中国やベトナム、バングラディシュに出て行ったわけですね。

平松　そこで格差が広がった。ほんの一握りの人に富が集中する。なおかつ日本では法人税が切り下げられた。「あんたら、好きなように儲けてや」と。「あんたら」とは一握りの資本家です。

――安倍首相が政権を取ってまず言ったことは「日本を、企業が世界一活躍できる国にしたい」でした。

平松　この場合の企業は大企業で中小零細企業ではない。今回のコロナ禍、これほどの広がりを見せる中で、いまだに大阪では11月に住民投票をやるって言う。

「二重行政」を理由に病院を潰す大阪

――第二波が来るかもしれない。しかも秋から冬にかけて、広がる可能性が高いと言われている。

平松　もう第二波が来てるという話もある。

――大阪は中小企業の街で、業者も従業員もシングルマザーもコロナで苦しんでます。こんな時に住民投票？

平松　そう。維新の人たちはそれよりも「二重行政の解消」が大事（苦笑）。でもね、10年近くも維新が知事と市長をしてるんですよ。10年もやってて、あんたらまだ解消できてへんのかいな（笑）。結局「二重行政」ってそれほどないんです。もともと行政は府や県、市町村に国という多層構造になっている。「二重」ではなく、必要だから多層になっている。例えば大阪市立住吉市民病院は、近所に府の急性期・総合医療センターがあるから、「二重行政なので要らない」と橋下市長が廃止した。でも住吉市民病院は小児・周産期の患者さんを診療していて、府の急性期・総合医療センターと役割が違うわけです。統廃合した後、府の病院で住吉市民病院がやっていた診療ができているのか？これを検証したメディアを私は知りません。関係者の証言では「できていない」と聞いてます。

――今回のコロナで、急いで病院を建てているという話はあちこちで聞きますが、「いま、病院を潰している」という自治体は大阪くらいじゃないですか？

平松　「二重行政」だからね（笑）

――でも必要なものなら三重も四重も要りますよ。特に病院、医療機関が疲弊しているこの時に。

平松　セーフティーネットはきめが細かくて、いくつもある方がいいわけです。

――安心ですよ、その方が。

裏取引で公明が賛成へ

平松　ただ無駄ばかりならきちっと検証しないといけない。そんな中で大阪市を廃止してしまおうという住民投票が迫っている。19年12月に「特別区設置協定書（案）」がでてきました。それによると大阪市を北区、天王寺区、淀川区、中央区の四つに分けると。

――四つの区役所を新たに建設しないとダメ？

平松　そうなんです。特別区というのは地方公共団体なんですが。

――市町村と同格？

平松　いや、格が落ちてます。大阪府と大阪市は同格でしたが、特別区になると府が親玉になるので。東京の23区と同じ扱いです。それで今の状況で言うと、公明党が都構想に賛成。

——えっ、公明党はずっと反対してたはず。なぜ賛成に回ったんやろ？

特別区に分割されると「村以下」の権限になってしまう（@ssoshu氏作成）

平松　自分たちが提案していた四つの条件を維新が飲んだから。これは「いい都構想案になった」と（笑）。

——えらい、コロコロ変わりはりますね。大阪3区や5区など公明党の候補が出てる選挙区に維新から「刺客を出すぞ！」と言われたから。つまり脅迫に屈したんでしょ。

平松　それは有名な話です。さらに裏取引まで暴露されてましたから。

——そうでしたね、17年4月に特別区設置案を可決する、そして任期中に住民投票を実施すると。有権者をバカにした話ですね。

平松　今、話に出た大阪3区選出、公明党の佐藤茂樹議員が20年6月の演説で「都構想賛成多数をめざす」とゲキを飛ばしているほどです。

――今の維新の勢いだと、3区に出されたら困るから……。

平松 表向きは、19年4月のクロス選挙で維新が圧勝したのは「大阪の民意だ」と。民意が変わったからそれに従うという言い訳ですね。でもクロス選挙の時に松井一郎大阪市長候補は「大阪市をつぶし、特別区にするために立候補しました」なんて言ってもおらず、公約のチラシにほんの小さく書いていただけ(先日の大阪市会代表質問の際にも、松井市長は何度も「都構想を前面に戦い信任を得た」ということを言ってましたが、何度も言ううちに自己暗示にかかっている?)。民意が変わったのではなく、実際は脅かされて変質したんですよ。

――公明党は「良い都構想案になった」とも言ってますね。

平松 法定協議会で公明党が主張してきた①住民サービスの維持、②制度移行に伴うコストの抑制、③今の区役所サービスの維持、④全特別区への児童相談所の設置が盛り込まれたから賛成だと。

――ちょっと待ってください。24ある区役所を四つにすれば住民サービスは低下するんじゃないですか?

平松 それもかなりの財源を大阪府に召し上げられた上でね。維新は「ニアイズベター(近いほうがいい)」と言う。つまり270万人の大阪市民を1人の市長が見るより、4人の区長が見るほうがいいでしょ?と。でも約70万人の住民を1人の区長が見れますか? 私の大阪市長時代の経験からしてもありえない。維新も公明も、こんなゴマカシを平気でする。

――「サービスの維持」というのは、つまり良くて今のまま。向上はしない。

「大阪・市民交流会」を立ち上げ

平松　さらにこの文句に何の縛りもないでしょ。４人の特別区長が財源を見て、サービスを決める。いくら「維持します」と文書で書いてあっても、それは努力目標。

――選挙公約と一緒ですね。小池都知事が「七つのゼロ」を公約したけど、実際にできたのは一つだけだったし。

平松　それに加えて莫大な初期コストがかかります。四つの区役所、議会、教育委員会などを新たに作らないといけない。公明党は「制度移行に伴うコストの抑制」を条件にしていたので「コストがかかりすぎや」と。

――でも四つに割ればコストはかかる。

平松　そこで笑い話のような意見が出た。「合同庁舎にする」（笑）

――四つに割るのに合同庁舎？

平松　今、淀屋橋の中之島に大阪市役所が建ってますよね。ここは北区の庁舎になるのですが、例えば淀川特別区、今の西淀川区や大正区などで構成されますが、ここの職員８７８人を中之島の本庁舎へ「淀川特別区職員」として詰める。天王寺特別区は５８３人を間借りさせる。

――それやったら、分けんでよろしいやん（笑）

平松　公明党は、われわれの努力で初期コストを削減させたと。でもこの案で行けば、災害やコロナ対応で、地元の特別区に行っても、「何で職員が中之島におるの？」となります。例えば吹田市の職員２００名が「居るとこないから、豊中市に行っといて」となった上で、市民が吹田市役所に行ったら「それは豊中市で相談してください」

――ありえません！　私は吹田市役所の職員でしたからよく分かる、そんなこと言えば窓口で怒鳴られます。

平松　自治体の体をなさない案を「よくできた案」と言い張るのが公明党。こんな合同庁舎、つまり他の自治体の庁舎を間借りしている自治体が、この日本の中で存在するのか？という質問が議会で出た。その答えは「離島にございます」（笑）。さすがに議会の中でも失笑が漏れたと言われてます。

――とんでもなく無責任な案ですが、住民投票で賛成多数になれば強行されてしまいます。阻止するにはどうしたら？

平松　前回の時もカジノに反対する人々、24の区役所を残してほしいと考える人、住吉市民病院廃止に憤る人などと一緒に反対運動をしてきました。今回はそんな人たちがゆるーくまとまる「大阪・市民交流会」を立ち上げました。もう宣伝カーも回ってます。前回は66％もの人々が選挙に行ってくれたから、反対派が勝った。2回目でしょ？　大阪市民は「もうええわ」と嫌気がさしている。二度目の投票率は上がらないかもしれない。そうなれば組織を持つ維新と公明が勝つ。だから「あきらめたらあかんよ」「今からでもできることあるんよ」と訴えていきたいと思います。

カジノも万博もやるべきではない

コロナ禍、撤退するカジノ業者

平松　前半で血圧上がりましたわ（笑）

――後半はまず基本的なことから伺いますね。今は大阪市があるから、固定資産税や法人市民税は大阪市に入る。しかし大阪市がなくなり四つの特別区になると、これらの税金はどこに？

平松　それらは全部大阪府に吸い上げられます。まずは全部持って行かれた上で、「天王寺区さん、いくら要りますか？」「中央区さん、これくらいで辛抱して」と。

――いったん府に入ったお金は、素直には配給されないのと違いますか？　大阪府は万博とカジノをするつもり。まずはそっちに配分して、残った金を配ろうとするのでは？

平松　その恐れは十分にあります。お金に色はついてませんから。

――政府と電通のように、いったんカジノ業者やゼネコンなどに投げられたら、中抜きされて要らないものばかり作られる。

平松　そのカジノも万博も夢洲でやるでしょう？

――そこにはまだ地下鉄が通っていない。カジノと万博をするには鉄道が絶対に必要。そして吉村知事と松井市長はカジノ＆万博がやりたくて仕方がない。

平松　夢洲への地下鉄について言えば、地下鉄延伸の費用200億円をカジノ業者に負担させる、という計画でした。

――そうそう、カジノ業者は気前がいいから、出してくれると。

平松　気前がええというのはコロナ前の話。かつて、日本進出に前のめりだったラズベガス・サンズのアデルソン会長は、コロナ後に「日本進出をあきらめました」と言いました。これは東京、横浜を含めて。だってラスベガスは6月初旬まで全部閉鎖してましたから。

——最初、ラスベガス・サンズは「大阪ほどいい場所はない」と言って松井さんと握手してたのに、横浜が手を挙げたら、すぐに大阪を振って「横浜でやります」(笑)。松井さんもよくウソつくけど、ラスベガス・サンズはウソつきの親玉(笑)。そんなところをあてにして200億円、絶対信用でけへんわ。

平松 カジノ業者をアテにして万博会場へのアクセスへの資金を作るとしていたけれど、コロナで世界の航空需要も移動する人も激減。いつになったら元に戻るか全然見通しが立たない中で、巨額の税金を投入して夢洲を埋め立てて、そこに鉄道を通す計画と工事だけが進んでいく。万博は25年の5月から半年で2800万人が世界からやって来るという想定。ホンマに想定通りやるんかい! 大赤字になるぞ、と。

——中東取材の拠点都市として、よくドバイに行くんです。ドバイは20年の万博予定都市でしたが、1年延期が決定。同じくカタールのドーハにも行くのですが、こちらは22年サッカーワールドカップの開催都市。ドバイもドーハも好景気で、あちこちに高層ビルや高速道路が建設中です。石油と金融で国民一人当たりの所得も世界トップクラス。だから万博やワールドカップを誘致した。一方大阪は大不況の中で倒産、失業する人が急増して、高齢化も進むし、石油は出ないし、コロナだし。計画通り万博を開催するのは無謀だと思います。

平松 東京オリンピックもできるかどうかわからない。大阪万博にも赤信号が灯り出す。そしてカジノ業者はほぼ撤退。大阪でやろうとしているのはオリックスと組んだMGMグループだけ。

——そのMGMグループもコロナで赤字。だからみんなオンラインカジノにシフトしてますよね。

夢物語にこだわるあの人たち

平松　三密を避けてオンラインでと。しかし危険です。世界的に依存症が増えています。日本はパチンコによるギャンブル依存症の方が多いのに、その上オンラインカジノにハマる人が増えたら……。

——コロナ禍の中でパチンコ屋さんが営業自粛した時に、大阪府内で何軒か開いてる店があって、そこに客が並んでたじゃないですか。依存症の方って多いなーと。

平松　その方々は「俺は依存症や」ってはっきり言うてはったじゃないですか。

——インタビュー見てて、あっと思ったのは店の前に並んでいる人が「（店を）閉めてくれ」と言うんです。開いてたら来てしまうから（苦笑）。依存症になると止まらない。怖いなーと。

平松　カジノやパチンコで儲かるのは業者＝胴元だけです。大阪市営地下鉄が民営化されて大阪メトロになりました。ビックリしたのが夢洲に新駅を作って高さ280メートルのビルを建てると。あの絵を見たときは、こんなところに金を使うんやったら、早く地下鉄全駅に転落防止柵を作れ！と思いました。

——夢洲新駅構想はインバウンドが来なくなる前の話でしょう？　今ガラガラですよ、難波も黒門市場も。

平松　だからこの番組収録時点で（20年7月14日）、夢洲のビルは見直しますと。

――良かったじゃないですか、作らないんですね。

平松　あの人たちのことやから「50メートルほど削ります」（笑）などと言い出さないか心配です。まだ夢物語にこだわってますからね。

――夢洲新駅も超高層ビルも作ってしまったら「負の遺産」に？

平松　間違いなくそうなります。万博の工事も遅れてるし、わざわざ土を買って埋め立ててる。夢洲はもともとゴミで埋め立てる計画ですから、そこにゴミが入らないとなると、また別の埋立地を探さないといけない。それも税金で。

――19年9月に現地を視察したんですが、メタンガスがまだポコポコ出ているし、夢洲の中に人口の池があって、そこにドス黒い水が溜まってました。

フェイク宣伝に利用されるマスコミ

平松　そんなにひどい状況をなぜマスコミが報道しないのでしょう。

――マスコミもグルやから、だと思います。万博でもカジノでも莫大なCM料金が入るし、テレビ局自体がオフィシャルなパートナーになっている。テレビ局そのものが維新の側に立ってるので、毎日のように吉村知事が登場する。

平松　その通りです。だからミニコミが大事になる。インターネット環境のある方は「毒まんじゅう」「平松」と検索してください。ユーチューブで「毒饅頭チャンネル」を見ることができます。例えば「大阪市をよくする会」の中山直和さんをゲストに迎えた会では「維新のウソを暴く」と題してこれまで彼らがついてきたウソを検証しました。吉村さんは市長時代に市議会で「平松さんは万博に反対した」と平気で言う。「おかしいな、反対した覚えもないけど」と思い、私の過去の発言を調べてみたら「夢洲でやるのは反対」だった。維新は街頭宣伝などで「地下鉄のトイレ、キレイになったのは民営化のおかげ」と宣伝する。でもあれは私の市長時代に予算をつけたもの。民営化の結果ではない。事実を微妙にずらしてフェイク宣伝するんです。

――彼らも橋下流を学んだ。ウソつきは政治家の始まりですから（笑）

平松　ウソで固めた維新が圧勝してしまったので、大阪の自民党も動揺しました。

――自民党大阪府議団が都構想に賛成。市議団は反対なのですが。

平松　府議団はなぜ賛成に回ったと思いますか？

――大阪府に巨額の税収が入るから、府の議員は賛成、大阪市の議員は反対、ということでしょ。

平松　北摂出身のある府会議員は「これで我々のところに税金が回ってくる」と。さもしいと思いませんか？

――思います。その回ってくる税金は、もともと大阪市民が払ったものでしょう？

平松　それと歴史的背景。大阪市が発展したからそこに衛星都市が生まれた。

――吹田市や豊中市が典型的。千里にベッドタウンができて発展した。

平松　中心が輝くから周囲にその光が及んだと考えるべきです。でも維新はそんな歴史的背景など一切考えない人たちですから。

――そもそもカジノで儲けて成長させると言う考え方自体がさもしいじゃないですか。外国人を呼んできてバクチで負けさせてっていう。

平松　ところがカジノ業者の思惑は、来場者の8割は日本人。そんな計画案でしたよ。

——そう言えば、韓国でも遊んでいるのはほとんど韓国人だと言われますね。

平松　計画では「日本人には6千円の入場料を取る。だから依存症はある程度防げる」と言いますが、入場料を取っても行きたい人は行くんです。そしてお金を浪費する仕組みになっているんです。

——だからカジノは絶対に許したらあかんと思います。先ほど万博を「夢洲でやるのは反対」という平松さんの主張はコロナの前ですよね。もうこんな事態で、万博そのものに反対と言ってもいいのでは？

平松　コロナで生活様式が激変しています。カジノも万博もやるべきではありません。さらに必要ないのが住民投票です。なぜこんな時にやってる場合か。

——それも税金使って。

平松　30億円以上だと言われてます（前回住民投票では32億円といわれた）。普通はコロナ対策優先で住民投票は中止か延期でしょう？

——不要不急そのもの。

住民説明会ができない中で強行するのか

平松　住民説明会ができません。四つの特別区で予定された説明会が密になるから無理。

——今、ようやく住民投票が盛り上がらない理由に気がつきました。前回と条件が違います。

平松　中之島の中央公会堂で2回やるって言ってましたが、その定員が75名（笑）

――大阪市は270万の巨大都市なのに。

平松　千人入るホールもあるけど、75名。でも、これも中止になりました。仕方がないのでユーチューブで説明ビデオを流しているのですが、現時点で千人も見ていない。

――住民投票は十分に説明がないと、是非を問えないじゃないですか。説明不足で強行したら、あとあとしこりが残りますよ。

平松　でも「十分説明した」「ビデオを流した」と言い張るのでしょうね。あの人たちのことやから（苦笑）。維新は国政政党になってますので、政党交付金を使ってバンバンCMを流すでしょう。その一つひとつのウソに騙されないようにしましょう。一口でも食べれば死んでしまうというのが毒まんじゅう（笑）ですからね。大阪市民にとっては何のメリットもありません。

――11月に強行されるとすればもう時間があまりありませんよ。

平松　だからみんなで協力して、ウソを暴いていく。ウソがまかり通る政治を変えていくのは大阪からや、という気概でね。

――よく分かりました。メディアが無理やり作り出した「吉村人気」もイソジンで（笑）陰りが見えてきました。急上昇した維新の支持率もまた元に戻りつつあります。住民投票を阻止できれば一番いいですが、強行された場合、前回のように反対派が逆転勝利すればいいですね。今日はありがとうございました。

この国は戦前からあまり変わっていない

矢野　宏（フリージャーナリスト・新聞「うずみ火」代表）

アドバルーンを打ち上げて人気を得ていく

吉村知事の言い逃れ会見

——「募っていたけど、募集はしてない」と言ってみたり、云々（うんぬん）を「でんでん」と読んでみたり、東京の安倍さんもなかなかやりますが、やはり大阪は底力があります。イソジン吉村と雨ガッパ松井（笑）。お前ら漫才コンビか！ってツッコミ入れたくなりますよ。

矢野宏　ようやく化けの皮が剥がれてきましたね。

——確か吉村の「イソジン会見」は8月4日でしたっけ？

矢野　そうです。もともとあの記者会見は2部構成だったんです。吉村・松井の共同会見で、第1部はミナミの飲食店に対して8月6日から20日まで営業自粛を要請する。これについて協力金を出しますよという内容。記者はここまでは知っていた。だけど第2部があったんですよ。

——2部が大騒動になったあの……。

矢野　イソジン会見。もうみんな、ビックリしたんです。イソジンを机に並べて「ウソみたいな本当の話」切り出したから。

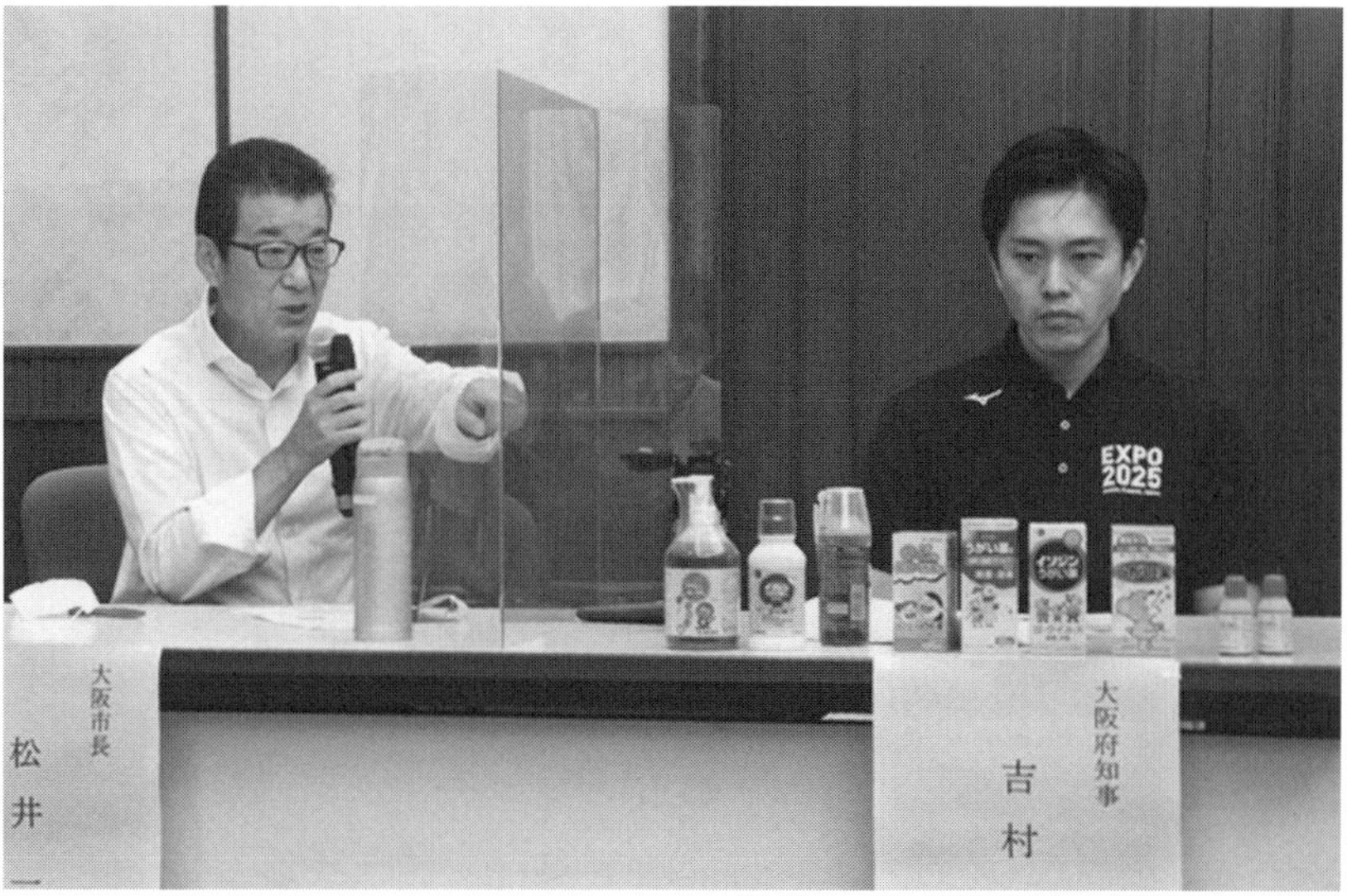

ウソだらけの「イソジン吉村」と「雨ガッパ松井」（毎日新聞、2020年8月5日）

——マルチ商法のつかみとソックリ。

矢野　ポピドンヨードのうがい薬を使うと、「コロナの陽性者が減っていく」と言った。

——今では、ポピ吉村（笑）とも呼ばれてますね。

矢野　「コロナにある意味、打ち勝てるんじゃないかとすら思っている」と発言しました。ご丁寧にも「1日4回、8月20日まで集中的にうがいを励行してもらいたい」とまで言ったんです。しかし治験者はわずか41人ですよ。論文もない。

——A4ペラ1枚の紙に書いたデータだけだったとか。

矢野　データを提供したのが、大阪はびきの医療センターの松山晃文センター長。松山さんも実は驚いていたんじゃないですか、こんなに大々的に発表されたので。

——あれよあれよという間に吉村、松井コンビが記者会見してしまったから、止めるヒマもなかったんでしょう。

矢野　コロナに効くという誤解を与えたわけで、その結果、イソジンが店頭から消えて、ネットでは高値で売買されたんですね。すぐに日本医師会の会長が「エビデンス（根拠）が不足している」と批判。甲状腺疾患の患者さんは病状を悪化させてしまうし、妊婦さんに影響が出る可能性もある。慌てた吉村知事は翌日5日に「言い逃れ会見」をしました。

――言い逃れ、つまり謝罪しなかった。

矢野　「一部誤解があるところが見受けられる」と言いました。

――誰が誤解させたんやって話やのに。

矢野　「うがいをすることで感染拡大に寄与するのではないかと思って府民に呼びかけた」「予防効果があるわけではないし、治療薬でもない」「（予防できるなど）そんなことは言っていない」。1日に何回もうがいするのが辛い人は、寝る前に1回でいい。回数にはこだわらないと。

――ちょっと待て！　昨日は1日に4回って言ったやないか！（笑）

矢野　そしてついにはメディアに責任転嫁するんです。予防効果があるとは一言も言っていない。メディアのみなさんも「予防効果がある」と発信してはいけないんじゃないですか？と。

――でも、あんたが記者会見したからこうなったんと違うの（笑）

「起死回生の一手」を打ちたかった

矢野　これ誰かに似てませんか？

――師匠のトオルちゃんやね。

矢野　そもそも科学的データを基にした会見で、なんで知事が前面に出て話すんですか？　松山センター長が話せばいいだけのこと。

――きちんとした論文を書いた人、研究をした人が会見すべきです。

矢野　人の手柄を横取りして、さも自分たちが頑張ったかのような「やってる感」を出したかったんですよ。8月4日は感染者が拡大していた時期で、重症者も増えてきた。その中でこの2人は「起死回生の一手」を打ちたかった。世間の注目を「うがい」に持っていきたかったのでしょう。

――7月21日からの「Ｇｏ Ｔｏ」キャンペーンで「旅行に行け」と政府が言う。8月4日はその2週間後で、感染者は拡大しますよね。

矢野　もう一つ大きな問題があります。8月4日当日、読売テレビの「ミヤネ屋」に出ていたテリー伊藤さんが、「インサイダー取引をやろうと思えばやれた」と後日に別の番組で打ち明けました。

――1時間半くらい前に知ったという話でしたね。

矢野　そう、少なくとも吉村のイソジン発言を1時間前には「ミヤネ屋」の関係者は知っていたんです。というのも、テレビのテロップがタイムリーにポンポン出ていた。これは事前に知ってないと無理です。

――文字をコンピューターで打って、色をつけて、ボードに貼ってですからね。

矢野　相当大変な作業です。だからテリーさんの発言は的を得た事実だと思います。翌日、テリーさんは各方面から責められたんでしょう、「会見があることは知っていたが詳細は知らなかった」と発言を修正しました。でも実際に株価が上がっているわけですから。イソジンはもともと明治製菓（現在の明治）が作っていて、それを塩野義製薬が販売している製品です。2001年のピーク時には100億円を超える売り上げがあった。それ以後、同じような商品が出てきて競合し、今の販売額は半分くらいまで落ち込んでいました。なので塩野義製薬にとっては渡りに船。塩野義製薬は関西の企業で、関西企業が元気にならないと万博もできない。

――なるほど。吉村知事は否定していますが、結果としてインサイダーが疑われても仕方のない状況になっていた。イソジンが品切れになって、歯医者さんが非常に困ったのです。抜歯の際には必ずポピドンヨード液で消毒しないといけませんが、そのうがい薬がなくなって治療に支障が出たそうです。大阪府歯科保険医協会は抗議文を出しています。

維新政治のリストラで減らされてきた保健所

矢野　本日時点で（20年8月18日）大阪では重傷者が70人。全国で243人ですから大阪だけで30％近くを占めている。死者数も全国16人のうちで大阪は6人。その背景には何があるのか？　吉村知事は記者会見で「重傷者基準が大阪と東京では違う」とか「大阪の方が高齢者と現役世代の距離が近いから」だと言いました。

――ホンマかいな、それ（笑）

矢野　挙げ句の果てには「高齢者はなんらかの症状が出たら、できるだけ早めの受診をお願いする」と。結局は「受診をしていないあなたたちが悪い」と言わんばかりなんです。

――受診してもPCR検査ができなので、発見が遅れてるからでしょう？

矢野　なぜ重症者が増えているかというと、その背景に大阪が医療崩壊に近い状況になっているのと、保健所が維新政治のリストラで減らされてきた、その結果だと思います。

——予算をバッサリ削ってきましたから。

矢野　感染したかどうかわからない状態なら、まずは保健所に電話をする。

——でもその電話がつながらなかった。

矢野　保健所は少ない人員で感染経路を調べたり、入院先を調整したりしながら、ＰＣＲ検査実施機関との調整をするんです。でも人が足りなければ、検査がどうしても後回しになってしまう。だから大阪で重傷者が突出して増えたんだと私は見ています。5月10日付の「毎日新聞」にこの事態を裏付ける記事が出ていました。大阪市の保健所。これ一つしかないのですが、3月の専従職員の時間外労働が平均60時間に達したという記事なんです。80時間を超えると過労死レベル。平均で60時間なので、80を超えている人もいるかもしれない。リストラに次ぐリストラで保健師さんの数が少ないというのが背景にあるんだと思います。

——人口２７０万人の巨大都市、大阪市に保健所が１カ所。もともと28ありましたが２０００年に一つに統廃合された。大阪湾岸の再開発や08年オリンピック誘致で湯水のごとく金を使った結果としての大リストラ。この時は維新政治ではなかったのですが、08年に橋下さんが知事になって、リストラを完成させていく。

矢野　大阪の医療保健行政にトドメを刺したのが10年に及ぶ維新政治だったという歴史ですね。

——人員削減、正規職員の非正規化、公立病院の独立行政法人化など。

矢野　病院もワンランク落とされました。これらのことが重症化の背景にある。しかし吉村知事は「大阪に重症者が多いのは、要件である人工呼吸器を早めにつけているからだ」と言いました。8月14日の会見で。でも医療によって、症状によってガイドラインが決まっています。東京も大阪も対応は同じです。

——違ったらえらいことでしょ？　都市によって命が助かったり、奪われたりしてしまう。

矢野　特定の地域だけが人工呼吸器を早めにつけるなんてことは全く聞いたことがない。「あり得ない妄言を吐くようになったらおしまいでしょう」と大阪大学の医師も批判していました。

——早く「おしまい」になってほしいけど（笑）。吉村知事が妄言、つまり根拠もないことを会見で言うのはマスコミにおだてられて、天狗になっていたらからと違うかな。芸人がギャグを求められ続けて、ネタがなくなったときにすべることが多々あるけど、アレと一緒。「何かセンセーショナルなことを」と焦っていた時に「うがいや！」と雨ガッパ松井が（笑）飛びついて、イソジン吉村に会見させた。

矢野　師匠である橋下がそうでしたよね。どんどんアドバルーンを打ち上げて人気を得ていく手法。メディアも報道しないと「特オチ」になってしまうから、ウラを取らずに彼の話を垂れ流していく。今はそれが吉村知事になっている。

打ち上げ花火に食いつくメディア

——思い出すのは13年5月、橋下人気が絶頂の時に「従軍慰安婦は必要だった」「沖縄の米軍は風俗を利用してほしい」と暴言を吐く。それで橋下人気がしぼんだ。吉村人気もイソジンで（笑）。だから一回上がった維新の支持率も下がってきた。なぜこんなバカな会見をし続けるのか？　これ、吉村人気が高いうちに大阪都構想、住民投票を予定通り行いたい。その焦りがあるからと違いますか？

矢野　そう思います。この人気を維持したまま、実施したいんですよ。11月1日まであと2カ月。

――で、イソジンにがぶっと食いついた。それも科学者が言わずに知事が発表、わずか41人の結果をもとに。

矢野　そして謝罪もしていない。維新の政治家って間違っても謝罪しないんですよ。

――確か吉村知事は20年の春に「コロナのワクチンが7月には出来上がるだろう」って言いましたね。

矢野　20年4月の記者会見で言いました。ワン大阪でやりますと。大阪大学と製薬企業「アンジェス」がワクチンの動物実験を進めているのです。でも自分たちは何もやっていない、金も出してないんです。

――確か「大阪市立大学の医学部関係者にワクチンを打って治験する」とも言いましたね。部下に人体実験するのかと批判されてました。ワクチンは慎重に開発をしていかないと薬害を起こします。なので最低でも2、3年はかかる。20年7月に完成するってあり得ないでしょう？

矢野　そういうウソを平気で言うんですね。ドーンと打ち上げ花火のように。メディアもそれに食いついてしまう。

「いい記事」や「いい番組」は褒める

市会議員、衆議院議員、大阪市長と任期を全うしないまま

――ここで質問です。なぜメディアはウソを見抜けず、「吉村さーん」と持ち上げ続けるのでしょう？

矢野　『誰が橋下徹をつくったか』（140B、2015年）を書いた元神戸新聞記者・松本創さんの講演を「うずみ火新聞」の主催で開催したのですが、その時おっしゃってたのは「吉村と橋下を会わせたのは、やしきたかじんである」と。

――タレントで歌手のやしきたかじん。今はもう故人ですが。

矢野　テレビ番組「たかじんのそこまで言って委員会」で司会をされてました。吉村は読売テレビ「そこまで言って委員会」を作っている制作会社の顧問弁護士をやっていたという話です。その制作会社のA社長が吉村をやしきたかじんに紹介した。それで吉村はたかじん事務所の弁護士になる。その後2010年に橋下が「大阪維新の会」を立ち上げる。翌年には大阪市議会選挙がある。

――3・11直後、11年春の統一地方選挙ですね。

矢野　そこで「誰かいい人いないか？」と、橋下チルドレンを探していた。そこでたかじんが紹介したのが吉村だった。

――ええの、おるで。イケメンで弁護士や。年齢も若いと。

矢野　大阪市北区から出て当選する。その後職務を全うすることなく、14年12月の衆議院選挙に大阪4区から立候補。この時は小選挙区で自民党の候補に負けるのですが、比例復活で当選する。その翌年の11月、1年も持たずに大阪市長選挙に出馬。15年の住民投票で橋下が敗北しました。責任を取って政治家を辞めると。

――そうでした、そうでした。

矢野　橋下市長の後任は誰ですか?と聞かれ、「僕の後継者は吉村です」と。それで15年11月に大阪市長になった。そして19年4月、あのクロス選挙で松井と入れ替わって知事になったのです。

――ということは市会議員、衆議院議員、大阪市長と任期を全うしないまま?

矢野　どれも勤め上げていないんです。全て中途半端で終わっている。

――そうか。知事も途中で辞めてほしいな(笑)。吉村はたかじんだけでなく、サラ金大手武富士の弁護士でもありましたね。「何でもええんかいな。あんたは力のあるヤツ、金のあるヤツにずっとついてきたんやなー」って言いたくなります。

矢野　やしきたかじんは「在阪メディアの帝王」と言われた人なので、その取り巻き連中は各テレビ局にいっぱいいるわけです。その人たちが吉村を応援し、持ち上げる。かつて橋下を持ち上げたように。

――制作会社について言えば、テレビ局はほとんど番組を作らない。多くの場合、制作会社に丸投げ。つまり制作会社の政治的意向で、番組の色が決まってしまう。だから、「たかじんのそこまで言って委員会」に出てくる人は右の人が多い。

矢野　そう。左の人を少し入れて、寄ってたかっていじめるという構図。そしてテレビ界には、橋下が知事になった時に歓迎した報道関係者がまだ多数残ってます。あの時「やっと大阪で発信力ある知事が生まれた」「これは応援しなければならない」という風潮があったんです。

――橋下を出せば視聴率が上がると喜んでただけと違うの？

矢野　それが大きいんですが（笑）。あれから12年、当時の記者たちがある程度えらくなってデスクになってたりする。なので「吉村知事をもっと出せ」と。

権力者はもっと「聞く耳」を持つべき

――本来はそのメディアこそが維新のウソを暴く、つまりファクトチェックするべきです。しかし実際にやったことは真逆で、「何となく吉村さん頑張ってるな」というイメージが作られていったわけですね。例えばあの「大阪モデル」についてはどうだったんですか？

矢野　立ち上げた時、つまり「大阪モデル」を作って記者会見した時は「すごいものができた」と好評でした。

――虫が入ったマスク配ったり、犬を抱いてくつろぐ動画を出していた政府と比べて「大阪は具体的な数値モデルを作った、やるな」と。

矢野　「見える化」なんです。通天閣や太陽の塔のライトアップもわかりやすいと歓迎されました。実は、その後2回に渡ってモデルが手直しされています。

――基準が変わったんですか？

矢野　一番問題なのは、重症患者に対する病床使用率です。大阪府が各病院に依頼している重症患者用のベッド数は188床です。8月19日現在で70名の患者が出た。つまりベッド占有率は約

38％。「大阪モデル」では70％を超えると赤信号。まだ余裕があるように見えます。ところが8月17日に大阪市の前田和彦市議がツイッターで「38％と言われているが大阪府医師会は『熱中症患者の急増でベッドの確保は難しい』と言っている。調べてみたら17日現在で確保できるベッド数は115だった」と。つまり115のベッドに70名の重症者になりますから占有率は約61％。すでに赤信号に近いのです。

――維新はよく数字、統計をごまかしますね。

矢野　これは大事な問題です。重症になってもベッドが足らない、ということになりかねない。

――一部のメディアはこの事実に切り込んだけれど、まだまだ追及不足。それはなぜか？　橋下人気が絶頂の頃、彼は会社名、実名を挙げて批判しました。「学者の〇〇は勉強不足だ」「朝日新聞の論説委員はアンポンタン」など。メディアも恐怖を感じて、維新を批判できなくなっているのでは？

矢野　イソジン問題でもテリー伊藤さんがインサイダー取引疑惑を口にしましたよね。その後ネットで「やったのか？　吉村」「ありえる！」などの声が広がった。すると吉村知事は「テリーさんは発言を修正したんだ。これ以上騒ぐと名誉毀損で訴えるぞ」と恫喝するのです。

――知事は権力者だからこそ、もっと「聞く耳」を持つべきで、批判にも真摯に応えるべきだと思います。だって知事には誤解を与えた責任、無用な混乱を引き起こした責任がありますよ。謝罪もせずに恫喝するのは知事失格ですね。

矢野　吉村もそうですが、松井も。大騒ぎになった雨合羽は約33万着集まりました。職員が総出で仕分けをしないといけなかった。

――大阪市役所と府庁に集まった？

矢野　ほぼ全て市役所です。松井市長の発言でしたから。

――市役所に。コロナ専門病院に指定した市立十三市民病院に防護服がないから「雨ガッパを送ってほしい」と松井が言ったからでしたね。

矢野　集まったのはいいけど、引き取り手がないでしょ。医療従事者にとって雨ガッパは危険なんですよ。

――脱ぐときに、ウィルスが付着してしまうんですよね。

矢野　そう、だから学校などに押し付けているらしいです。

――学校も置いておく場所がないのでは？

矢野　その保管場所ですが、当初は市役所の玄関ロビーに雨ガッパの入った段ボールが山積みされてました。「毎日新聞」がスクープしたのですが、大阪市には「火災予防条例」があります。雨ガッパは合成樹脂なので燃えやすい。合成樹脂の製品を１カ所に保管する場合は、大阪市の当局へ届けなければならない。

――大阪市が作った条例を大阪市が違反していた（笑）

矢野　だから慌てて小学校に押し付けたり、地下の倉庫に隠したり。今は玄関ホールにはないです。

――残念、見たかったな（笑）

矢野　大阪都構想を推進する人たちの言い分は「司令塔が一つになれば行政はスムーズになる」です。でも雨ガッパといい、イソジンといい、現場は大混乱。結果として私たちにも被害が及んでいます。「司令塔が一つ」は危険なのです。チェック機能が働かない。例えば松井市長の「思いつき」で、十三市民病院をコロナ専門病院にしましたが、あの時130名の入院患者がいたのです。これは患者さんに対して「出ていけ」ということでしょう?

——全ての患者さんを転院させなければならなかった。現場の医師たち、看護師たちは当日のテレビニュースで知ったとのこと。事前に相談もなく、トップダウンで決めていく。

矢野　病院長でさえ、「その日、知りました」って言ってました。リーダーが1人になるということはいいことだという誤解を、まず解かないといけない。

同調圧力の強い日本

——行政は二元代表制です。大統領のような知事や市長と、多数の議員で構成される議会。この二つが車の両輪のようになり、どちらかが間違えればどちらかが修正する。これでまともな行政が担保されるわけです。司令塔が一つというのは、ヒトラーのようになってしまう。

矢野　日本は戦後75年を迎えました。当時は日中戦争が泥沼化して、強いリーダーを求めるようになった。国民はあまり深く考えず空気だけを読むようになり、強いリーダーに国の針路を任せてしまう。国家総動員法ができて、隣組が組織され、物が言えない生活になった。そして太平洋戦争に突入していき、敗戦を迎えた。75年前、つまり歴史からもっと学ぶべきなんです。コロナという不安が社会を覆った時に強いリーダーを求めたり、リーダーについていけばいいんだと考えたりしていたら、それは大きな間違いなんですよ。

――吉村人気が急上昇した時に「安倍を批判するのはいいけど、吉村はやめとけ。逆にお前が批判されてしまうぞ」という「忠告」をしてくれる人がいたんです。吉村が悪徳サラ金の弁護士だった事実を、個人的には今こそ言うべきだと思いましたが、この空気感、今は吉村の悪口はちょっと……という。戦前に通じるものを感じますね。

矢野　同調圧力って日本では結構強いんですよね。右向け右、と言われれば向いてしまう。そんな中で「マスクしてない」とか「パチンコ屋に行くヤツはけしからん」とか自粛警察まで出てくる。

――竹槍でB29を突くんだ、と訓練している時に誰も「B29には竹槍は届きません」と言わないし言えない。みんな心の中では「馬鹿らしい」と思っていてもやってしまう。

矢野　そこに参加していないと隣組から排除されたら、配給ももらえない。締め付けがあるから言葉を飲み込んでしまう。

空襲被害者にはまだゼロ回答

――矢野さんは空襲被害者の戦後補償について、ずっと応援してるでしょ。先日のNHK特集番組で安野輝子さんにスポットが当たっていました。5歳の時に空襲で片足を失った方ですが、日本はずっと「我慢しろ」でしょ。軍人軍属に対しては戦後も補償を続けてきたのに、民間人に対する補償は全くなし。例えば東條英機の遺族に1万円渡すのなら、民間の被害者にも同額を補償せよと思いますが。

矢野　戦時中は民間の戦争被害者たちにも補償しなさいという法律があった。戦後日本を占領した

GHQが軍人恩給とともに、この民間補償制度をなくした。52年のサンフランシスコ講和条約で日本が「独立」すると、真っ先にやったのが旧軍人や軍属への補償制度復活。しかし民間の被害者には70年以上、ずっとゼロ。その理由は「戦争という非常事態だった。国民は等しく我慢しなさい」

――なぜ軍人恩給がすぐに復活したのか？　それは当時の厚生省に陸軍の幹部が横滑りで入っていた。この幹部たちが「先輩やお友達」を救おうとした。

矢野　厚生省だけではなく、当初の文部省も。そこから教育も捻じ曲げられていく。当時は参謀クラス、陸軍のエライさんたちが、職がないから官庁に入っていく。もう一つの理由は日本遺族会からの圧力。これで、どんどん軍人軍属への補償は手厚くなっていった。

――民間の犠牲者、被爆者とか引揚者は後回しにしながら。

矢野　そして空襲被害者には、まだゼロ回答。

――これ、持続化給付金で巨額の税金を電通に中抜きさせていた構図と一緒。安倍とそのお友達だけが良ければいいという。

矢野　戦後間もない頃から、かつての軍人と役人の癒着があった。そしてそれは今も続いている。結局、この国は戦前からあまり変わっていないんですよ。

――戦前、戦後の「お友達」の癒着、談合。安部はその象徴とも言うべき人物。しかしここに来てまた体調が悪化している様子。だからこそ、日本の闇を牛耳るグループは「安倍に代わる悪辣な政治家」として吉村を持って来たかったのではないか？

矢野　吉村をいきなりトップに据える、というのは難しいでしょう。師匠格である橋下を民間人の大臣にする、というのはあり得るかもしれません。

――橋下を総務大臣に起用か?・という噂が立ったこともありましたね。

矢野　そういう観測気球を投げて、維新が一定の議席をとれば、自民・維新の連立政権もありですよ。

――そうなれば今より「右寄り内閣」になり、憲法改悪まで突っ走れる。だから、自民党は国を挙げて「大阪万博」を取りに行った。憲法と万博の取引ですね。メディアはこの点をもっと突っ込まなあかんと思います。やしきたかじんの番組に仕切られているようではダメです。

矢野　そんなメディアの中でも、踏ん張っている記者、警鐘を鳴らす番組もあります。よく「こんな番組はけしからん!」とテレビ局に抗議する方がいらっしゃいますが、それより「いい記事」や「いい番組」をほめてほしい。そうすることで現場は活気付きます。

――子育てと一緒で「ほめて育てよう」(笑)ですね。矢野さん、今日はどうもありがとうございました。

おわりに

2015年12月13日、突然私のツイッターアカウントが炎上を始めた。原因は「西谷を名誉毀損で訴える」という橋下徹のツイート。その年の5月、第1回目の「大阪都構想の住民投票」が行われ、反対派が僅差で勝利。橋下はその責任を取って政界からの引退を発表する。半年後の11月22日、大阪市長・知事のダブル選挙で「後継者の吉村」が圧勝。橋下は「これまでオレは公人だったので批判を容認してきたが、これからは私人。今後は橋下の社会的評価を低下させる表現に対しては厳しく法的対処をする」と宣言。その直後に「まずは西谷から訴訟する」とつぶやいたわけだ。この頃私は動画「維新のトオルちゃん」シリーズを作成していて、これが彼の気に障り「名誉毀損だ！」と騒いだのだと想像する。そう、私は名誉ある「橋下私人化による訴訟第一号」に選ばれたのだった。（苦笑）

私の方もすぐに「橋下前市長と私が裁判になれば、公開討論会を提案しようと思う。テーマは『政治家とウソについて』がいいのでは？　私人になれば、今までできなかった直接対決もできるようになるってことですよね。12月18日以降に私人になられるので、提訴はその後かな？　お待ちしております」とつぶやいた。この頃、ツイッター上では「裁判になるの？」「対決が楽しみ」など「橋下と私の場外乱闘」を期待した人々が多数いたのだが、橋下は私を訴えなかった。彼は脅迫するだけの「スラップ野郎」だった。

この本では吉村知事がサラ金の武富士側の弁護士だった、という話題を取り上げている。武富士スラップ裁判を弁護した弟子の吉村も「スラップ知事」、そして菅もまた報道ステーションやNHKクローズアップ現代を脅かしてキャスターを交代させた「スラップ総理」である。そういえば今はなき（笑）安倍もＮＨＫに乗り込んで番組を改編させた過去を持つ。なぜこんな人物たちが8年も政界のトップに君臨しているのか、なぜ私たちはこの人物たちを許しているのか、もうそろそろ気がつかねばならない。そんな思いを込めてこの対談集をまとめてみた。

突貫工事の緊急出版、急な要請にもかかわらず日程を調整して対談していただいたみなさん、日本機関紙出版センターの丸尾忠義さん、「路上のラジオ」で共に番組を制作してくれている山本索さん、そして何よりリスナーのみなさんに感謝を申し上げ、ここでいったん筆を置くことにする。

2020年9月14日　菅義偉総裁誕生のニュースを聞きながら　西谷文和

【著者紹介】

●西谷文和（にしたに　ふみかず）

1960年京都市生まれ。大阪市立大学経済学部卒業後、吹田市役所勤務を経て、現在フリージャーナリスト、イラクの子どもを救う会代表。

2006年度「平和共同ジャーナリスト大賞」受賞。テレビ朝日「報道ステーション」、朝日放送「キャスト」、ラジオ関西「ばんばんのラジオでショー」日本テレビ「ニュースevery」などで戦争の悲惨さを伝えている。

西谷文和「路上のラジオ」を主宰。

主著に「西谷流地球の歩き方上・下」（かもがわ出版、2019年・20年）、「戦争はウソから始まる」（日本機関紙出版センター、2018年）、『「テロとの戦い」を疑え』（かもがわ出版、2017年）、『戦争のリアルと安保法制のウソ』（日本機関紙出版センター、2015年）、『後藤さんを救えなかったか』（第三書館、2015年）など。


安倍、菅、維新。8年間のウソを暴く　路上からの反撃、倍返しだ！

2020年10月20日　初版第1刷発行

著　者　西谷文和
発行者　坂手崇保
発行所　日本機関紙出版センター
〒553-0006　大阪市福島区吉野3-2-35
TEL 06-6465-1254　FAX 06-6465-1255
http://kikanshi-book.com/
hon@nike.eonet.ne.jp
編集　丸尾忠義
本文組版　Third
印刷製本　シナノパブリッシングプレス

Printed in Japan
ISBN978-4-88900-985-9